NAJLEPSZA CHIŃSKA KSIĄŻKA KUCHARSKA NA WYNOS

100 przepysznych przepisów z pięknie kolorowymi obrazkami, które pomogą Ci odtworzyć ulubione chińskie dania na wynos w domu

Liliana Walczak

Materiały chronione prawami autorskimi ©2023

Wszelkie prawa zastrzeżone

Bez odpowiedniej pisemnej zgody wydawcy i właściciela praw autorskich ta książka nie może być używana ani rozpowszechniana w jakikolwiek sposób, w jakiejkolwiek formie lub formie, z wyjątkiem krótkich cytatów użytych w recenzji. Tej książki nie należy traktować jako substytutu porady medycznej, prawnej ani innej profesjonalnej porady.

SPIS TREŚCI

SPIS TREŚCI — 3
WSTĘP — 6
1. Słodko-Kwaśny Kurczak — 7
2. Ciastka Z Zielonej Cebuli — 9
3. Kurczak Kung Pao — 11
4. Chińskie żeberka — 13
5. Smażony ryż z kurczakiem po chińsku — 15
6. Krewetki po syczuńsku — 17
7. Restauracyjna wołowina i brokuły — 19
8. Generał Kurczak — 21
9. Azjatycka sałatka z kurczakiem — 24
10. Stek z chińskiej papryki — 26
11. Grillowany kurczak po azjatycku — 28
12. Zupa Jajeczna — 30
13. Ciasteczka z wróżbą — 32
14. Warzywa Lo Mein — 34
15. Cytrynowy Kurczak — 36
16. Krab Rangun — 38
17. Smażony groszek śnieżny — 40
18. Smażony szpinak z czosnkiem i sosem sojowym — 42
19. Pikantna smażona kapusta pekińska — 44
20. Smażona sałata z sosem ostrygowym — 46
21. Smażone brokuły i pędy bambusa — 48
22. Fasolka szparagowa smażona na sucho — 50
23. Smażona Bok Choy i Grzyby — 52
24. Smażona mieszanka warzywna — 54
25. Radość Buddy — 56
26. Tofu w stylu Hunan — 58
27. Ma Po Tofu — 61
28. Twaróg Fasolowy Gotowany Na Parze W Prostym Sosie — 64
29. Sezamowe szparagi — 66
30. Bakłażan i tofu w skwierczącym sosie czosnkowym — 68
31. Chińskie brokuły z sosem ostrygowym — 71
32. Krewetki w soli i pieprzu — 73
33. Pijane krewetki — 76
34. Smażone krewetki po szanghajsku — 78
35. Krewetki orzechowe — 80
36. Aksamitne przegrzebki — 83

37. Smażone owoce morza i warzywa z makaronem — 86
38. Cała ryba gotowana na parze z imbirem i cebulką — 89
39. Smażona ryba z imbirem i bok choy — 92
40. Małże w sosie z czarnej fasoli — 94
41. Krab z kokosowym curry — 96
42. Smażona w głębokim tłuszczu kałamarnica z czarnego pieprzu — 98
43. Ostrygi smażone w głębokim tłuszczu z konfetti czosnkowo-chili — 100
44. Kurczak Kung Pao — 102
45. Kurczak brokułowy — 104
46. Kurczak z skórką mandarynki — 106
47. Kurczak z orzechami nerkowca — 109
48. Aksamitny kurczak i groszek śnieżny — 112
49. Kurczak i warzywa z sosem z czarnej fasoli — 115
50. Kurczak z zieloną fasolką — 118
51. Kurczak w sosie sezamowym — 121
52. Słodko-kwaśny kurczak — 124
53. Moo Goo Gai Pan — 127
54. Jajko Foo Yong — 130
55. Smażone jajka z pomidorami — 132
56. Krewetki i Jajecznica — 134
57. Pikantny krem z jajek gotowanych na parze — 136
58. Chińskie skrzydełka z kurczaka smażone na wynos — 138
59. Tajski kurczak z bazylią — 140
60. Duszony boczek wieprzowy — 142
61. Smażone pomidory i wołowina — 144
62. Wołowina i brokuły — 147
63. Smażona wołowina z czarnym pieprzem — 149
64. Sezamowa Wołowina — 152
65. Wołowina po mongolsku — 155
66. Wołowina po syczuańsku z selerem i marchewką — 158
67. Kubki sałaty z wołowiną Hoisin — 161
68. Smażone Kotlety Schabowe Z Cebulą — 163
69. Wieprzowina Pięć Przypraw z Bok Choy — 166
70. Smażona Wieprzowina Hoisin — 168
71. Boczek Wieprzowy Podwójnie Gotowany — 170
72. Mu Shu Wieprzowina Z Naleśnikami Z Patelni — 173
73. Żeberka wieprzowe z sosem z czarnej fasoli — 176
74. Smażona mongolska jagnięcina — 178
75. Jagnięcina z kminkiem — 180
76. Jagnięcina z imbirem i porem — 183

77. Tajska wołowina z bazylią — 186
78. Chińska wieprzowina z grilla — 188
79. Bułeczki wieprzowe BBQ na parze — 191
80. Boczek wieprzowy po kantońsku — 194
81. Zupa kokosowa z makaronem curry — 197
82. Pikantna zupa z makaronem wołowym — 199
83. Zupa z żółtego jajka — 202
84. Prosta zupa wonton — 204
85. Zupa Jajeczna — 207
86. Ryż smażony w jajku — 209
87. Klasyczny smażony ryż z wieprzowiną — 212
88. Pijany makaron — 214
89. Makaron Sichuan dan dan — 217
90. Zupa Ostra — 220
91. Congee wieprzowe — 223
92. Smażony Ryż Z Krewetkami, Jajkiem I Szalotką — 225
93. Smażony Ryż Wędzony Pstrąg — 227
94. Spamowany smażony ryż — 229
95. Ryż na parze z Lap Cheung i Bok Choy — 232
96. Zupa z makaronem wołowym — 235
97. Makaron Czosnkowy — 238
98. Makaron singapurski — 240
99. Makaron Szklany Z Kapustą Napa — 243
100. Makaron Hakka — 246

WNIOSEK — **249**

WSTĘP

Chińskie jedzenie na wynos to popularny wybór na łatwy posiłek, który można dostarczyć do domu.

Na wynos w domu to obszerna chińska książka kucharska, która oferuje autentyczne i łatwe do wykonania przepisy na ulubione chińskie dania na wynos. Niezależnie od tego, czy jesteś fanem pikantnej kuchni syczuańskiej, czy pragniesz pikantnych smaków potraw kantońskich, ta książka kucharska ma wszystko.

W tej książce kucharskiej znajdziesz 100 przepysznych przepisów na różne chińskie potrawy, w tym przystawki, dania główne, zupy i desery. Każdy przepis jest łatwy do wykonania i zawiera szczegółowe instrukcje, a także informacje o użytych składnikach i ich znaczeniu kulturowym w kuchni chińskiej.

Aby Twoje gotowanie było jeszcze przyjemniejsze, każdy ze 100 przepisów jest opatrzony pięknie kolorowym obrazkiem. Dostępnych jest 100 kolorowych obrazków (po jednym dla każdego przepisu), które pomogą Ci z łatwością odtworzyć w domu ulubione chińskie dania na wynos.

Niezależnie od tego, czy dopiero zaczynasz przygodę z chińską kuchnią, czy jesteś doświadczonym szefem kuchni, Na wynos w domu to idealna książka kucharska dla Ciebie. Dzięki autentycznym przepisom i łatwym do wykonania instrukcjom możesz cieszyć się ulubionymi chińskimi potrawami w zaciszu własnego domu

Co by było, gdybyś mógł przygotowywać posiłki o tej samej lub lepszej jakości za ułamek kosztów, znając każdy składnik swojego jedzenia bez poświęcania smaku? To brzmi jak zwycięska kombinacja, a ta książka z chińskimi przepisami na wynos spełnia tę obietnicę!

1. Słodko-kwaśny kurczak

Robi: 8

SKŁADNIKI:
- 1 (8 uncji) puszka kawałków ananasa, odsączonych (sok zarezerwowany)
- ¼ szklanki skrobi kukurydzianej
- 1¾ szklanki wody, podzielone
- ¾ szklanki białego cukru
- ½ szklanki destylowanego białego octu
- 2 krople pomarańczowego barwnika spożywczego
- 8 połówek piersi kurczaka bez skóry i kości, pokrojonych w kostkę
- 2 ¼ filiżanki samorosnącej mąki
- 2 łyżki oleju roślinnego
- 2 łyżki skrobi kukurydzianej
- ½ łyżeczki soli
- ¼ łyżeczki mielonego białego pieprzu
- 1 jajko
- 1 ½ szklanki wody
- 1 kwarta oleju roślinnego do smażenia
- 2 zielone papryki, pokrojone na 1-calowe kawałki

INSTRUKCJE:
a) Na patelni dodaj 1 ½ szklanki wody z octem, sokiem ananasowym, cukrem i pomarańczowym barwnikiem spożywczym. Gotuj, aż się zagotuje z ognia.
b) Teraz połącz ¼ szklanki skrobi kukurydzianej z ¼ szklanki wody i wlej na patelnię, ciągle mieszając. Odłóż na bok.
c) W misce dodaj mąkę, 2 łyżki skrobi kukurydzianej, jajko, 2 łyżki oleju, słoną wodę i biały pieprz. Dobrze wymieszaj.
d) Teraz dodaj kawałki kurczaka do tego ciasta i zamieszaj.
e) Na patelni rozgrzewamy olej i wrzucamy kawałki kurczaka, smażymy do ładnego zbrązowienia.
f) Przełożyć do naczynia do serwowania z papryką i kawałkiem ananasa i polać ostrym sosem.

2. Ciasteczka Z Zielonej Cebuli

Robi: 8

SKŁADNIKI:
- 3 szklanki mąki chlebowej
- 1 ¼ szklanki wrzącej wody
- 2 łyżki oleju roślinnego
- Sól i pieprz do smaku
- 1 pęczek zielonej cebuli, drobno posiekanej
- 2 łyżeczki oleju roślinnego

INSTRUKCJE:
a) W misce dodać mąkę i wodę, zagnieść ciasto i przykryć folią. Pozostaw na 30 minut.
b) Podziel ciasto na 16 równych części i każdą rozwałkuj na placek o grubości ¼ cala.
c) Posmarować olejem i doprawić solą i pieprzem.
d) Dodaj 1 łyżkę zielonej cebuli i zwiń jak cygaro.
e) Ponownie rozwałkuj na arkusz o grubości ¼ cala.
f) Rozgrzej olej na patelni i smaż każde ciasto z obu stron na złoty kolor.
g) Podawaj i ciesz się.

3. Kurczak kung Pao

Robi: 4

SKŁADNIKI:
- 1 funt bez skóry, bez kości połówki piersi z kurczaka, pokrojone w kostkę
- 2 łyżki białego wina
- 2 łyżki sosu sojowego
- 2 łyżki oleju sezamowego, podzielone
- 2 łyżki skrobi kukurydzianej rozpuszczonej w 2 łyżkach wody
- 1 uncja gorącej pasty chili
- 1 łyżeczka destylowanego białego octu
- 2 łyżeczki brązowego cukru
- 4 zielone cebule, posiekane
- 1 łyżka posiekanego czosnku
- 1 (8 uncji) puszka kasztanów wodnych
- 4 uncje posiekanych orzeszków ziemnych

INSTRUKCJE:
a) W misce dodaj 1 łyżkę sosu sojowego, olej, 1 łyżkę wina, skrobię kukurydzianą i dobrze wymieszaj.
b) Dodać kawałki kurczaka i wymieszać do połączenia.
c) Przykryć i wstawić do lodówki na 30 minut.
d) W rondelku dodaj 1 łyżkę wina, olej, 1 łyżkę sosu sojowego, skrobię kukurydzianą, cebulę, kasztany wodne, orzeszki ziemne i czosnek. Gotuj przez 5-10 minut.
e) Na osobnej patelni dodać kurczaka i smażyć przez 10-15 minut, a następnie przełożyć do sosu.
f) Gotuj przez 10-15 minut, a następnie wyłącz ogrzewanie.

4. żeberka chińskie

Tworzy: 2

SKŁADNIKI:
- 3 łyżki sosu Hoisin
- 1 łyżka ketchupu
- 1 łyżka miodu
- 1 łyżka sosu sojowego
- 1 łyżka sake
- 1 łyżeczka octu ryżowego
- 1 łyżeczka soku z cytryny
- 1 łyżeczka startego świeżego imbiru
- ½ łyżeczki tartego świeżego czosnku
- ¼ łyżeczki chińskiego proszku pięciu przypraw
- 1 funtowe żeberka wieprzowe

INSTRUKCJE:
a) W misce dodaj miód, ketchup, sos sojowy, sos hoisin, sake, sok z cytryny, ocet ryżowy, imbir, pięć przypraw w proszku i czosnek. Wrzucić do połączenia.
b) Dodaj żeberka do tej mieszanki i wymieszaj, aby dobrze się pokryły. Wstawić do lodówki na 2-3 godziny.
c) Rozgrzej piekarnik do 325 stopni.
d) Dodaj wodę do tacy brojlerów, tak aby dno było zakryte. Umieść ruszt w żebrach próbnych i przenoszących na tym stojaku.
e) Przenieś ruszt do piekarnika.
f) Gotuj przez 40 minut na złoty kolor.
g) Podawaj gorące i ciesz się.

5. Smażony kurczak po chińsku z ryżem

Robi: 4

SKŁADNIKI:
- 1 jajko
- 1 łyżka wody
- 1 łyżka masła
- 1 łyżka oleju roślinnego
- 1 cebula, posiekana
- 2 szklanki ugotowanego białego ryżu, zimnego
- 2 łyżki sosu sojowego
- 1 łyżeczka mielonego czarnego pieprzu
- 1 szklanka gotowanego, posiekanego mięsa z kurczaka

INSTRUKCJE:
a) Weź miskę, dodaj wodę i jajko, dobrze ubij.
b) Roztop masło na patelni dodaj naszą mieszankę jajeczną i gotuj przez 1-2 minuty. Po zdjęciu z ognia pokroić na kawałki.
c) Weź rondel i rozgrzej olej, smaż cebulę przez 1-2 minuty.
d) Dodaj kurczaka, sos sojowy, pieprz i smaż przez 5 minut.
e) Teraz dodaj ugotowane jajko i ugotowany ryż, dokładnie wymieszaj i wyłącz ogrzewanie.
f) Podawać.

6. Krewetki Szechwańskie

Robi: 4

SKŁADNIKI:
- 4 łyżki wody
- 2 łyżki ketchupu
- 1 łyżka sosu sojowego
- 2 łyżeczki skrobi kukurydzianej
- 1 łyżeczka miodu
- ½ łyżeczki mielonej czerwonej papryki
- ¼ łyżeczki mielonego imbiru
- 1 łyżka oleju roślinnego
- ¼ szklanki pokrojonej zielonej cebuli
- 4 ząbki czosnku, posiekane
- 12 uncji gotowanych krewetek z usuniętymi ogonami

INSTRUKCJE:
a) Weź pojemnik i połącz ketchup, wodę, sos sojowy, paprykę, miód, imbir i skrobię kukurydzianą. Odłóż na bok.
b) Rozgrzej olej na patelni i smaż cebulę z czosnkiem przez 1-2 minuty.
c) Teraz dodaj krewetki i smaż przez 5 minut.
d) Wlać sos i dokładnie wymieszać.
e) Gotuj przez 10-15 minut na średnim ogniu lub do momentu, aż sos zacznie bulgotać.

7. Restauracyjny styl wołowiny i brokułów

Robi: 4

SKŁADNIKI:
- ⅓ szklanki sosu ostrygowego
- 2 łyżeczki azjatyckiego (prażonego) oleju sezamowego
- ⅓ Filiżanka Sherry
- 1 łyżeczka sosu sojowego
- 1 łyżeczka białego cukru
- 1 Łyżeczka Skrobi Kukurydzianej ¾ Funta Okrągłego Stku Wołowego, Pokrojonego W Paski Grubości ⅛ cala
- 3 łyżki oleju roślinnego, plus więcej w razie potrzeby
- 1 cienki plasterek świeżego korzenia imbiru
- 1 ząbek czosnku, obrany i rozgnieciony
- 1 funt brokułów, pokrojonych w różyczki

INSTRUKCJE:
a) W średniej misce dodaj olej sezamowy, cukier, sos sojowy, skrobię kukurydzianą, sos ostrygowy i sherry, dobrze wymieszaj.
b) Dodaj kawałki steków i czystymi rękami pocieraj steki mieszanką. Umieścić w lodówce na 30 minut.
c) Na patelni rozgrzej olej i smaż czosnek z imbirem przez 1-2 minuty.
d) Usuń czosnek imbirowy i dodaj brokuły i smaż przez 6-7 minut. Przełożyć na półmisek i odłożyć na bok.
e) Teraz w tym samym rondlu dodaj steki i gotuj, aż zmiękną.
f) Przełóż smażone brokuły i gotuj przez 4-5 minut.
g) Podawaj i ciesz się.

8. Generał Kurczak

Robi: 6

SKŁADNIKI:
- 4 Filiżanki Oleju Roślinnego Do Smażenia
- 1 jajko
- 1 ½ funta udka z kurczaka bez kości, bez skóry, pokrojone w kostkę
- 1 łyżeczka soli
- 1 łyżeczka białego cukru
- 1 Szczypta Białego Pieprzu
- 1 szklanka skrobi kukurydzianej
- 2 łyżki oleju roślinnego
- 3 łyżki posiekanej zielonej cebuli
- 1 ząbek czosnku, posiekany
- 6 suszonych całych czerwonych papryczek chilli
- 1 pasek skórki pomarańczowej
- ½ szklanki białego cukru
- ¼ łyżeczki mielonego imbiru
- 3 łyżki bulionu z kurczaka
- 1 łyżka octu ryżowego
- ¼ szklanki sosu sojowego
- 2 łyżeczki oleju sezamowego
- 2 łyżki oleju arachidowego
- 2 łyżeczki skrobi kukurydzianej
- ¼ szklanki wody

INSTRUKCJE:

a) W misce dodaj jajka, sól, biały pieprz, 1 szklankę skrobi kukurydzianej, cukier i dobrze ubij.

b) Dodaj kostki kurczaka, dokładnie wymieszaj.

c) Podgrzej 3 szklanki oleju roślinnego na patelni i dodaj kostki kurczaka i smaż, aż uzyskają złoty kolor.

d) Następnie przełóż na ręcznik papierowy i odsącz z nadmiaru tłuszczu.

e) W rondlu rozgrzej 2 łyżki oleju roślinnego i podsmaż cebulę, skórkę pomarańczową, chilli i czosnek przez 1-2 minuty.

f) Teraz dodaj bulion z kurczaka, 1,2 szklanki cukru, ocet, olej sezamowy, imbir, sos sojowy i olej arachidowy. Pozostawić do wrzenia na 3 minuty.

g) W wodzie dodać 2 łyżki mąki kukurydzianej, dobrze wymieszać i wlać do rondelka ciągle mieszając. Gotuj przez 1-2 minuty.

h) Teraz dodaj kurczaka i gotuj, aż sos zgęstnieje.

i) Podawaj i ciesz się.

9. azjatycka sałatka z kurczaka

Robi: 6

SKŁADNIKI:
- 2 łyżki brązowego cukru
- 2 łyżeczki sosu sojowego
- 1 łyżka oleju sezamowego (opcjonalnie)
- ¼ szklanki oleju roślinnego
- 3 łyżki octu ryżowego
- 1 (8 uncji) opakowanie suszonego makaronu ryżowego
- 1 główka sałaty lodowej - opłukana, wysuszona i posiekana
- 4 Połówki Piersi Kurczaka Bez Kości, Gotowane I Rozdrobnione
- 3 zielone cebule, posiekane
- 1 łyżka nasion sezamu, prażonych

INSTRUKCJE:
a) Weź miskę i dodaj sos sojowy, brązowy cukier, olej sałatkowy, olej sezamowy, ocet ryżowy, dobrze wymieszaj i odstaw na 30 minut.
b) W rondelku dodać kilka kropel oleju z makaronem i dobrze podsmażyć. Gotuj, gdy dobrze wyskoczy.
c) W misce dodaj posiekanego kurczaka, nasiona sezamu sałaty lodowej i zieloną cebulę, wymieszaj. Wstawić do lodówki na 10 minut.
d) Dodać ugotowany makaron i dobrze wymieszać.
e) Skrop sałatkę sosem i podawaj.

10. Stek z chińskiej papryki

Robi: 4

SKŁADNIKI:
- 1 funtowy stek z polędwicy wołowej, pokrojony w 1-calowe plastry.
- ¼ szklanki sosu sojowego
- 2 łyżki białego cukru
- 2 łyżki skrobi kukurydzianej
- ½ łyżeczki mielonego imbiru
- 3 łyżki oleju roślinnego, podzielone
- 1 czerwona cebula, pokrojona w 1-calowe kwadraty
- 1 zielona papryka, pokrojona w 1-calowe kwadraty
- 2 pomidory, pokrojone w kliny

INSTRUKCJE:
a) W misce dodaj skrobię kukurydzianą, imbir, sos sojowy i cukier, wymieszaj.
b) Dodaj steki i dokładnie wymieszaj.
c) W rondlu rozgrzej 1 łyżkę oleju i smaż steki na rozgrzanym oleju, aż ładnie się zrumienią.
d) Dodaj cebulę i pozostaw do smażenia, aż cebula zmięknie.
e) Dodaj zielony pieprz i dobrze wymieszaj.
f) Kiedy papryka zacznie zmieniać kolor, dodaj pomidory i dobrze wymieszaj.
g) Gotuj przez 3-4 minuty, a następnie przełóż do naczynia do serwowania.
h) Cieszyć się.

11. Grillowany Kurczak Azjatycki

Robi: 4

SKŁADNIKI:
- ¼ szklanki sosu sojowego
- 4 łyżeczki oleju sezamowego
- 2 łyżki miodu
- 3 plasterki świeżego korzenia imbiru
- 2 ząbki czosnku, zmiażdżone
- 4 połówki piersi z kurczaka bez skóry i kości

INSTRUKCJE:
a) W misce dodaj miód, sos sojowy, olej, imbir i czosnek, dobrze wymieszaj. Miska musi być bezpieczna w kuchence mikrofalowej.
b) Włóż do kuchenki mikrofalowej na 30 sekund.
c) Dodać kurczaka i wymieszać do połączenia.
d) Rozgrzej grill na średnim ogniu i posmaruj olejem.
e) Usuń marynatę z kurczaka i wlej do rondelka. Gotować przez 1-2 minuty. Odłóż na bok.
f) Umieść kurczaka na rozgrzanym grillu i smaż z obu stron na złoty kolor.
g) Skropić ugotowanego kurczaka marynatą z piekarnika i gotować przez kolejne 1-2 minuty.

12. Zupa Jajeczna

Robi: 4

SKŁADNIKI:
- 2 (14,5 uncji) puszki bulionu z kurczaka
- 1 łyżka skrobi kukurydzianej
- 1 Jajko, Lekko Ubite
- 2 łyżki posiekanej zielonej cebuli

INSTRUKCJE:
a) W rondlu dodaj skrobię kukurydzianą i bulion z kurczaka, dobrze wymieszaj na średnim ogniu.
b) Teraz skropić ubitymi jajkami w rondlu, ciągle mieszając.
c) Przełożyć do miseczek i udekorować zieloną cebulką.

13. Ciasteczka z wróżbą

Robi: 6

SKŁADNIKI:
- 1 Białko Jaja
- ⅛ Łyżeczka Ekstraktu Waniliowego
- 1 szczypta soli
- ¼ szklanki niebielonej mąki uniwersalnej
- ¼ szklanki białego cukru

INSTRUKCJE:
a) Rozgrzej piekarnik do 355 stopni.
b) Blachę do ciastek wysmarować masłem.
c) W białku dodać ubitą wanilię, aż będzie puszysta.
d) Dodaj przesianą mąkę, cukier i sól do masy jajecznej i dobrze ubij.
e) Przenieś 1 łyżkę ciasta na arkusze ciastek w odległości 4 cali od siebie.
f) Nadaj ciastu okrągły kształt, przechylając arkusz.
g) Przełożyć do piekarnika i piec przez 5 minut.
h) Po wyjęciu z piekarnika ułożyć ciasteczka na desce.
i) Teraz umieść fortunę na ciasteczkach równo do środka i złóż ciastko na pół. Przełóż zagięte krawędzie przez krawędź kubka.

14. Warzywa Lo Mein

Robi: 4

SKŁADNIKI:
- 8 uncji niegotowanego spaghetti
- ¼ szklanki oleju roślinnego
- 2 szklanki świeżych pokrojonych grzybów
- 1 szklanka rozdrobnionej marchwi
- ½ szklanki pokrojonej czerwonej papryki
- 1 cebula, posiekana
- 2 ząbki czosnku, posiekane
- 2 szklanki świeżych kiełków fasoli
- ½ szklanki posiekanej zielonej cebuli
- 1 łyżka skrobi kukurydzianej
- 1 szklanka bulionu z kurczaka
- ¼ szklanki sosu Hoisin
- 2 łyżki miodu
- 1 łyżka sosu sojowego
- 1 łyżeczka startego świeżego imbiru
- ¼ łyżeczki pieprzu Cayenne
- ¼ łyżeczki curry w proszku

INSTRUKCJE:

a) Weź rondel i napełnij go 2-3 szklankami wody z ½ łyżeczki soli. Niech się zagotuje.

b) Dodaj makaron i gotuj przez 8-9 minut. Odcedź i odłóż na bok.

c) Na patelni rozgrzać olej i smażyć pieczarki, cebulę, marchewkę, paprykę i czosnek przez 5-6 minut.

d) Dodaj fasolę, zieloną cebulę, kiełki i mieszaj przez 1 minutę.

e) Weź miskę, dodaj bulion z kurczaka, mąkę kukurydzianą i dobrze wymieszaj.

f) Wlać tę mieszaninę do smażenia.

g) Dodać imbir, sos hoisin, pieprz cayenne, miód i curry. Dobrze wymieszać.

h) Gotuj przez 5-10 minut.

i) Przełóż spaghetti i wymieszaj.

j) Podawać.

15. kurczak cytrynowy

Robi: 6

SKŁADNIKI:
- 3 funty piersi z kurczaka bez kości, pokrojone na 2-calowe kawałki
- 1 łyżka suchej sherry
- 1 łyżka sosu sojowego
- ½ łyżeczki soli
- 2 jajka
- 2 szklanki oleju roślinnego
- ¼ szklanki skrobi kukurydzianej
- ½ łyżeczki proszku do pieczenia
- ⅓ szklanki białego cukru
- 1 łyżka skrobi kukurydzianej
- 1 szklanka bulionu z kurczaka
- 1 łyżka soku z cytryny
- 1 łyżeczka soli
- 1 Cytryna, Pokrojona
- 2 łyżki oleju roślinnego

INSTRUKCJE:

a) Weź miskę i dodaj kurczaka, sos sojowy, ½ łyżeczki soli i sos sherry, dobrze wymieszaj.

b) Przykryć i wstawić do lodówki na 20 minut.

c) W osobnej misce dodaj mąkę kukurydzianą, jajka i proszek do pieczenia, dobrze wymieszaj.

d) Dodać kawałki kurczaka i dobrze wymieszać. Odłóż na bok.

e) Na głębokiej patelni rozgrzej 2 szklanki oleju i partiami smaż kawałki kurczaka.

f) Pozostaw do smażenia na złoty kolor.

g) Rozłóż na ręczniku papierowym, aby odsączyć nadmiar tłuszczu.

h) W misce dodać cukier, bulion, 1 łyżeczkę soli, 1 łyżkę skrobi kukurydzianej, plasterki cytryny i sok z cytryny, wymieszać.

i) W rondlu rozgrzać 2 łyżki oleju i wymieszać z cytryną.

j) Gotować, aż sos lekko zgęstnieje.

k) Skrop kurczaka i podawaj.

16. Krabie paluszki

Robi: 10

SKŁADNIKI:
- Opakowanie 1 (14 uncji) małe Won Ton Wrappings
- 2 (8 uncji) opakowania sera śmietankowego, zmiękczonego
- 1 łyżeczka mielonego świeżego korzenia imbiru
- ½ łyżeczki posiekanej świeżej kolendry
- ½ łyżeczki suszonej pietruszki
- 3 łyżki ciemnego sosu sojowego
- 1 funtowe mięso kraba, rozdrobnione
- 1 kwarta oleju do smażenia

INSTRUKCJE:
a) Rozgrzej olej na patelni.
b) Weź miskę i dodaj sos sojowy, imbir, czosnek, kolendrę, mięso kraba, pietruszkę i serek śmietankowy, dobrze wymieszaj.
c) Rozłóż opakowanie wonton na czystej powierzchni i umieść na nim 1 łyżeczkę mieszanki serka śmietankowego.
d) Złóż opakowanie na nadzieniu, aby utworzyć trójkąt lub półksiężyc.
e) Posmaruj krawędzie wodą, powtórz te same czynności dla wszystkich owijek. Przykryć wilgotnym ręcznikiem pieprzowym.
f) Przełożyć 3-4 wontony na gorący olej i smażyć na złoty kolor.
g) Ułożyć na papierowym ręczniku, aby odsączyć nadmiar tłuszczu.
h) Podawać na gorąco.

17. Smażony Śnieżny Groch

SKŁADNIKI:
- 2 łyżki oleju roślinnego
- 2 obrane plastry świeżego imbiru, każdy o wielkości ćwiartki
- Sól koszerna
- ¾ funta groszku śnieżnego lub groszku cukrowego, usunięte sznurki

INSTRUKCJE:

a) Rozgrzej wok na średnim ogniu, aż kropla wody zacznie skwierczeć i odparuje w kontakcie. Wlej olej i zamieszaj, aby pokryć dno woka. Doprawiamy olej dodając plastry imbiru i szczyptę soli. Pozwól, aby imbir skwierczał w oleju przez około 30 sekund, delikatnie mieszając.

b) Dodaj groszek śnieżny i za pomocą szpatułki z woka wymieszaj, aby pokrył się olejem. Smaż przez 2 do 3 minut, aż będą jasnozielone i chrupiące.

c) Przełóż na talerz i wyrzuć imbir. Podawać na gorąco.

18. Smażony szpinak z czosnkiem i sosem sojowym

SKŁADNIKI:
- 1 łyżka jasnego sosu sojowego
- 1 łyżeczka cukru
- 2 łyżki oleju roślinnego
- 4 ząbki czosnku, cienko pokrojone
- Sól koszerna
- 8 uncji wstępnie umytego szpinaku baby

INSTRUKCJE:

a) W małej misce wymieszaj lekką soję i cukier, aż cukier się rozpuści i odłóż na bok.

b) Rozgrzej wok na średnim ogniu, aż kropla wody zacznie skwierczeć i odparuje w kontakcie. Wlej olej i zamieszaj, aby pokryć dno woka. Dodaj czosnek i szczyptę soli i smaż mieszając, mieszając, aż czosnek zacznie pachnieć, około 10 sekund. Za pomocą łyżki cedzakowej wyjmij czosnek z patelni i odłóż na bok.

c) Dodaj szpinak do przyprawionego oleju i smaż, mieszając, aż warzywa zwiędną i będą jasnozielone. Dodaj cukier i mieszaninę soi i wrzuć do sierści. Umieść czosnek z powrotem w woku i wymieszaj. Przełożyć do naczynia i podawać.

19.   Pikantna Smażona Kapusta Napa

SKŁADNIKI:

- 2 łyżki oleju roślinnego
- 3 lub 4 suszone papryczki chilli
- 2 obrane plastry świeżego imbiru, każdy o wielkości ćwiartki
- Sól koszerna
- 2 ząbki czosnku, pokrojone
- 1 główka kapusty pekińskiej, poszatkowana
- 1 łyżka jasnego sosu sojowego
- ½ łyżki czarnego octu
- Świeżo mielony czarny pieprz

INSTRUKCJE:

a) Rozgrzej wok na średnim ogniu. Wlać olej i dodać chili. Pozwól chili skwierczeć w oleju przez 15 sekund. Dodaj plastry imbiru i szczyptę soli. Wrzucić czosnek i smażyć krótko, mieszając, aby posmakować oliwy, około 10 sekund. Nie pozwól, aby czosnek zbrązowiał lub spalił się.

b) Dodaj kapustę i smaż mieszając, aż zwiędnie i zmieni kolor na jasnozielony, około 4 minut. Dodaj lekką soję i czarny ocet i dopraw szczyptą soli i pieprzu. Wrzuć do płaszcza przez kolejne 20 do 30 sekund.

c) Przełóż na talerz i wyrzuć imbir. Podawać na gorąco.

20. Smażona sałata z sosem ostrygowym

SKŁADNIKI:
- 1½ łyżki oleju roślinnego
- 1 obrany świeży plasterek imbiru, mniej więcej wielkości ćwiartki
- Sól koszerna
- 2 ząbki czosnku, cienko pokrojone
- 1 główka sałaty lodowej, opłukana i odwirowana, pokrojona na kawałki o szerokości 1 cala
- 2 łyżki sosu ostrygowego
- ½ łyżeczki oleju sezamowego do dekoracji

INSTRUKCJE:

a) Rozgrzej wok na średnim ogniu, aż kropla wody zacznie skwierczeć i odparuje w kontakcie. Dodaj olej roślinny i zamieszaj, aby pokryć dno woka. Doprawiamy olej dodając plasterek imbiru i szczyptę soli. Pozwól, aby imbir skwierczał w oleju przez około 30 sekund, delikatnie mieszając.

b) Dodać czosnek i smażyć krótko, mieszając, aby posmakować oliwy, około 10 sekund. Nie pozwól, aby czosnek zbrązowiał lub spalił się. Dodaj sałatę i smaż mieszając, aż zacznie lekko więdnąć, 3 do 4 minut. Skrop sałatę sosem ostrygowym i szybko wrzuć do pokrycia, kolejne 20 do 30 sekund.

21. Smażone brokuły i pędy bambusa

SKŁADNIKI:
- 2 łyżki oleju roślinnego
- 1 obrany świeży plasterek imbiru, mniej więcej wielkości ćwiartki
- 4 szklanki różyczek brokuła
- 2 łyżki wody
- 2 ząbki czosnku, posiekane
- 1 (8 uncji) puszka pokrojonych pędów bambusa, wypłukanych i osuszonych
- 1 łyżka jasnego sosu sojowego
- 1 łyżeczka oleju sezamowego
- 2 łyżeczki prażonych nasion sezamu

INSTRUKCJE:

a) Rozgrzej wok na średnim ogniu. Wlać olej roślinny i dodać plasterek imbiru i szczyptę soli.

b) Dodać brokuły i smażyć mieszając przez 2 minuty, aż będą jasnozielone. Dodaj wodę i przykryj patelnię przez 2 minuty, aby ugotować brokuły.

c) Zdejmij pokrywkę, dodaj czosnek i kontynuuj smażenie mieszając przez 30 sekund. Wmieszaj pędy bambusa i kontynuuj smażenie przez dodatkowe 30 sekund.

d) Wmieszaj lekki olej sojowy i sezamowy. Usuń imbir i wyrzuć. Podawaj na rozgrzanym talerzu i udekoruj sezamem.

22. Fasola Smażona Na Sucho

SKŁADNIKI:
- 1 łyżka jasnego sosu sojowego
- 1 łyżka posiekanego czosnku
- 1 łyżka doubanjiang (chińska pasta z fasoli chili)
- 2 łyżeczki cukru
- 1 łyżeczka oleju sezamowego
- Sól koszerna
- ½ szklanki oleju roślinnego
- 1 funt zielonej fasoli, przycięty, pokrojony na pół i osuszony

INSTRUKCJE:

a) W małej misce wymieszaj lekką soję, czosnek, pastę z fasoli, cukier, olej sezamowy i szczyptę soli. Odłożyć na bok.

b) W woku rozgrzej olej roślinny na średnim ogniu. Usmaż fasolę. Delikatnie obróć fasolę w oleju, aż będzie pomarszczona.

c) Po ugotowaniu wszystkich ziaren ostrożnie przenieś pozostały olej do żaroodpornego pojemnika. Użyj szczypiec i kilku ręczników papierowych, aby wytrzeć i wyczyścić wok.

d) Ponownie postaw wok na dużym ogniu i dodaj 1 łyżkę zarezerwowanego oleju do smażenia. Dodaj zieloną fasolkę i sos chili, mieszając, smaż, aż sos się zagotuje i pokryje zieloną fasolkę. Fasolkę przełóż na talerz i podawaj na gorąco.

23. Smażony Bok Choy i Pieczarki

SKŁADNIKI:

- 3 łyżki oleju roślinnego
- 1 obrany świeży plasterek imbiru, mniej więcej wielkości ćwiartki
- ½ funta świeżych grzybów shiitake
- 2 ząbki czosnku, posiekane
- 1½ funta baby bok choy, pokrojony w poprzek na 1-calowe kawałki
- 2 łyżki wina ryżowego Shaoxing
- 2 łyżeczki jasnego sosu sojowego
- 2 łyżeczki oleju sezamowego

INSTRUKCJE:

a) Rozgrzej wok na średnim ogniu. Wlej olej roślinny i zamieszaj, aby pokryć dno woka. Dodać plasterek imbiru i szczyptę soli.

b) Dodać grzyby i smażyć mieszając przez 3 do 4 minut, aż zaczną się rumienić. Dodaj czosnek i smaż, mieszając, aż zacznie pachnieć, jeszcze około 30 sekund.

c) Dodaj bok choy i wymieszaj z grzybami. Dodaj wino ryżowe, lekką soję i olej sezamowy. Gotuj przez 3 do 4 minut, ciągle mieszając warzywa, aż będą miękkie.

d) Przenieś warzywa na półmisek, wyrzuć imbir i podawaj gorące.

24. Smażona Mieszanka Warzyw

SKŁADNIKI:
- 3 łyżki oleju roślinnego
- 1 obrany świeży plasterek imbiru, mniej więcej wielkości ćwiartki
- Sól koszerna
- ½ białej cebuli, pokrojonej w 1-calowe kawałki
- 1 duża marchewka, obrana i pokrojona po przekątnej
- 2 żeberka selera, pokrojone ukośnie w plastry o grubości ¼ cala
- 6 świeżych grzybów shiitake
- 1 czerwona papryka, pokrojona na 1-calowe kawałki
- 1 mała garść zielonej fasolki szparagowej, pokrojonej
- 2 ząbki czosnku, drobno posiekane
- 2 szalotki, cienko pokrojone

INSTRUKCJE:

a) Rozgrzej wok na średnim ogniu, aż kropla wody zacznie skwierczeć i odparuje w kontakcie. Wlej olej i zamieszaj, aby pokryć dno woka. Doprawiamy olej dodając plasterek imbiru i szczyptę soli. Smażymy na oleju przez około 30 sekund, delikatnie mieszając.

b) Dodaj cebulę, marchewkę i seler do woka i smaż, mieszając, szybko przesuwając warzywa w woku za pomocą szpatułki. Kiedy warzywa zaczną wyglądać na miękkie, około 4 minuty, dodaj grzyby i kontynuuj wrzucanie ich do gorącego woka.

c) Gdy grzyby wyglądają na miękkie, dodaj paprykę i kontynuuj mieszanie przez około 4 minuty. Kiedy papryka zacznie mięknąć, dodaj zieloną fasolkę i mieszaj do miękkości, jeszcze około 3 minut. Dodać czosnek i mieszać, aż zacznie pachnieć.

d) Przełożyć na półmisek, odrzucić imbir i udekorować cebulką. Podawać na gorąco.

25. Radość Buddy

SKŁADNIKI:
- Mała garść (około ⅓ szklanki) suszonych grzybów leśnych
- 8 suszonych grzybów shiitake
- 2 łyżki jasnego sosu sojowego
- 2 łyżeczki cukru
- 1 łyżeczka oleju sezamowego
- 2 łyżki oleju roślinnego
- 2 obrane plastry świeżego imbiru, każdy o wielkości ćwiartki
- Sól koszerna
- 1 dynia delicata, przekrojona na pół, pozbawiona nasion i pokrojona na małe kawałki
- 2 łyżki wina ryżowego Shaoxing
- 1 szklanka groszku cukrowego, usunięte nitki
- 1 (8 uncji) puszka podlać kasztany, przepłukać i odsączyć
- Świeżo mielony czarny pieprz

INSTRUKCJE:

a) Namocz oba suszone grzyby w osobnych miseczkach, po prostu przykrytych gorącą wodą, aż będą miękkie, około 20 minut. Odcedź i wylej płyn do moczenia ucha. Odcedź i zachowaj ½ szklanki płynu shiitake. Do grzybowego płynu dodać soję light, cukier i olej sezamowy i mieszać do rozpuszczenia cukru. Odłożyć na bok.

b) Rozgrzej wok na średnim ogniu, aż kropla wody zacznie skwierczeć i odparuje w kontakcie. Wlej olej roślinny i zamieszaj, aby pokryć dno woka. Doprawiamy olej dodając plastry imbiru i szczyptę soli. Pozwól, aby imbir skwierczał w oleju przez około 30 sekund, delikatnie mieszając.

c) Dodaj dynię i smaż, mieszając, mieszając z przyprawionym olejem przez około 3 minuty. Dodaj oba grzyby i wino ryżowe i kontynuuj smażenie przez 30 sekund. Dodaj groszek śnieżny i kasztany wodne, mieszając, aby pokryły się olejem. Dodaj zarezerwowaną przyprawę do grzybów w płynie i przykryj. Kontynuuj gotowanie, mieszając od czasu do czasu, aż warzywa będą miękkie, około 5 minut.

d) Zdjąć pokrywkę i doprawić solą i pieprzem do smaku. Odrzuć imbir i podawaj.

26. Tofu w stylu Hunan

SKŁADNIKI:
- 1 łyżeczka skrobi kukurydzianej
- 1 łyżka wody
- 4 łyżki oleju roślinnego lub rzepakowego, podzielone
- Sól koszerna
- 1-funtowe twarde tofu, odsączone i pokrojone w kwadraty o grubości ½ cala, o średnicy 2 cali
- 3 łyżki sfermentowanej czarnej fasoli, opłukanej i rozgniecionej
- 2 łyżki doubanjiang (pasta z chińskiej fasoli chili)
- 1-calowy kawałek świeżego imbiru, obrany i drobno posiekany
- 3 ząbki czosnku, drobno posiekane
- 1 duża czerwona papryka, pokrojona na 1-calowe kawałki
- 4 szalotki, pokrojone na 2-calowe sekcje
- 1 łyżka wina ryżowego Shaoxing
- 1 łyżeczka cukru
- ¼ szklanki niskosodowego bulionu z kurczaka lub warzyw

INSTRUKCJE:

a) W małej misce wymieszaj mąkę kukurydzianą i wodę i odłóż na bok.

b) Rozgrzej wok na średnim ogniu, aż kropla wody zacznie skwierczeć i odparuje w kontakcie. Wlej 2 łyżki oleju i zamieszaj, aby pokryć dno i boki woka. Dodaj szczyptę soli i ułóż plastry tofu w woku w jednej warstwie. Smaż tofu przez 1 do 2 minut, przechylając wok, aby w trakcie smażenia wlać olej pod tofu. Gdy pierwsza strona się zarumieni, za pomocą szpatułki z woka ostrożnie obróć tofu i smaż przez kolejne 1 do 2 minut, aż uzyska złoty kolor. Podsmażone tofu przełożyć na talerz i odstawić.

c) Zmniejsz ciepło do średnio-niskiego. Do woka wlej pozostałe 2 łyżki oleju. Gdy tylko olej zacznie lekko dymić, dodaj czarną fasolę, pastę z fasoli, imbir i czosnek. Smażyć mieszając przez 20 sekund lub do momentu, gdy olej nabierze głębokiego czerwonego koloru od pasty z fasoli.

d) Dodaj paprykę i szalotki i wymieszaj z winem Shaoxing i cukrem. Gotuj przez kolejną minutę lub do momentu, aż wino prawie odparuje, a papryka będzie miękka.

e) Delikatnie wmieszaj smażone tofu, aż wszystkie składniki w woku się połączą. Kontynuuj gotowanie jeszcze przez 45 sekund lub do momentu, aż tofu nabierze głębokiego czerwonego koloru, a szalotki zwiędną.

f) Skrop bulionem z kurczaka mieszankę tofu i delikatnie zamieszaj, aby usunąć glazurę z woka i rozpuścić przyklejone na woku kawałki. Szybko wymieszaj mieszaninę skrobi kukurydzianej z wodą i dodaj do woka. Delikatnie mieszaj i gotuj na wolnym ogniu przez 2 minuty, aż sos stanie się błyszczący i gęsty. Podawać na gorąco.

27. Ma Po Tofu

SKŁADNIKI:
- ½ funta mielonej wieprzowiny
- 2 łyżki wina ryżowego Shaoxing
- 2 łyżeczki jasnego sosu sojowego
- 1 łyżeczka obranego drobno posiekanego świeżego imbiru
- 2 łyżeczki skrobi kukurydzianej
- 1½ łyżki wody
- 2 łyżki oleju roślinnego
- 1 łyżka zmielonego pieprzu syczuańskiego
- 3 łyżki doubanjiang (chińska pasta z fasoli chili)
- 4 szalotki, cienko pokrojone, podzielone
- 1 łyżeczka oleju chili
- 1 łyżeczka cukru
- ½ łyżeczki chińskiej przyprawy pięciu przypraw
- 1-funtowe średnie tofu, odsączone i pokrojone w ½-calowe kostki
- 1½ szklanki bulionu z kurczaka o niskiej zawartości sodu
- Sól koszerna
- 1 łyżka grubo posiekanych świeżych liści kolendry do dekoracji

INSTRUKCJE:

a) W małej misce wymieszaj mieloną wieprzowinę, wino ryżowe, lekką soję i imbir. Odłożyć na bok. W innej małej misce wymieszaj mąkę kukurydzianą z wodą. Odłożyć na bok.

b) Rozgrzej wok na średnim ogniu i wlej olej roślinny. Dodaj ziarna pieprzu syczuańskiego i delikatnie smaż, aż zaczną skwierczeć, gdy olej się rozgrzeje.

c) Dodać marynowaną wieprzowinę i pastę z fasoli i smażyć mieszając przez 4 do 5 minut, aż wieprzowina się zrumieni i pokruszy. Dodaj połowę cebuli, olej chili, cukier i pięć przypraw w proszku. Kontynuuj smażenie przez kolejne 30 sekund lub do momentu, aż szalotki zwiędną.

d) Rozłóż kostki tofu na wieprzowinie i zalej bulionem. Nie mieszać; pozwól tofu najpierw ugotować się i nieco stwardnieć. Przykryj i gotuj przez 15 minut na średnim ogniu. Odkryć i delikatnie wymieszać. Uważaj, aby zbytnio nie rozbić kostek tofu.

e) Spróbuj i dodaj sól lub cukier, w zależności od upodobań. Dodatkowy cukier może złagodzić pikantność, jeśli jest zbyt gorąco. Ponownie wymieszaj mąkę kukurydzianą i wodę i dodaj do tofu. Delikatnie mieszaj, aż sos zgęstnieje.

f) Udekoruj pozostałymi szalotkami i kolendrą i podawaj na gorąco.

28. Twaróg Fasolowy Gotowany Na Parze W Prostym Sosie

SKŁADNIKI:
- 1 funt średniego tofu
- 2 łyżki jasnego sosu sojowego
- 1 łyżka oleju sezamowego
- 2 łyżeczki czarnego octu
- 2 ząbki czosnku, drobno posiekane
- 1 łyżeczka obranego drobno posiekanego świeżego imbiru
- ½ łyżeczki cukru
- 2 szalotki, cienko pokrojone
- 1 łyżka grubo posiekanych świeżych liści kolendry

INSTRUKCJE:

a) Wyjmij tofu z opakowania, uważając, aby zachować je w stanie nienaruszonym. Umieść go na dużym talerzu i ostrożnie pokrój w plastry o grubości od 1 do 1½ cala. Odstaw na 5 minut. Odpoczynek tofu pozwala na wypłynięcie większej ilości serwatki.

b) Opłucz bambusowy kosz do gotowania na parze i jego pokrywkę pod zimną wodą i umieść w woku. Wlej około 2 cali zimnej wody lub do momentu, aż znajdzie się powyżej dolnej krawędzi naczynia do gotowania na parze o około ¼ do ½ cala, ale nie tak wysoko, aby woda dotykała dna koszyka.

c) Odcedź nadmiar serwatki z talerza z tofu i umieść talerz w bambusowym naczyniu do gotowania na parze. Przykryj i ustaw wok na średnim ogniu. Doprowadź wodę do wrzenia i gotuj tofu na parze przez 6 do 8 minut.

d) Podczas gdy tofu gotuje się na parze, w małym rondlu wymieszaj soję light, olej sezamowy, ocet, czosnek, imbir i cukier na małym ogniu, aż cukier się rozpuści.

e) Skrop tofu ciepłym sosem i udekoruj szalotkami i kolendrą.

29. Szparagi Sezamowe

SKŁADNIKI:
- 2 łyżki jasnego sosu sojowego
- 1 łyżeczka cukru
- 1 łyżka oleju roślinnego
- 2 duże ząbki czosnku, grubo posiekane
- Szparagi o wadze 2 funtów, przycięte i pokrojone po przekątnej na kawałki o długości 2 cali
- Sól koszerna
- 2 łyżki oleju sezamowego
- 1 łyżka prażonych nasion sezamu

INSTRUKCJE:

a) W małej misce wymieszaj light soję i cukier razem, aż cukier się rozpuści. Odłożyć na bok.

b) Rozgrzej wok na średnim ogniu, aż kropla wody zacznie skwierczeć i odparuje w kontakcie. Wlej olej roślinny i zamieszaj, aby pokryć dno woka. Dodaj czosnek i smaż, mieszając, aż zacznie pachnieć, około 10 sekund.

c) Dodaj szparagi i smaż. Dodaj mieszaninę sosu sojowego i wymieszaj, aby pokryć szparagi, gotując jeszcze przez około 1 minutę.

d) Skrop szparagi olejem sezamowym i przełóż do miski. Udekoruj sezamem i podawaj na gorąco.

30. Bakłażan i Tofu W Skwierczącym Sosie Czosnkowym

SKŁADNIKI:
- 6 szklanek wody plus 1 łyżka stołowa, podzielone
- 1 łyżka koszernej soli
- 3 długie chińskie bakłażany (około ¾ funta), przycięte i pokrojone po przekątnej na 1-calowe kawałki
- 1½ łyżki skrobi kukurydzianej, podzielone
- 1 łyżka jasnego sosu sojowego
- 2 łyżeczki cukru
- ½ łyżeczki ciemnego sosu sojowego
- 3 łyżki oleju roślinnego, podzielone
- 3 ząbki czosnku, posiekane
- 1 łyżeczka obranego, posiekanego świeżego imbiru
- ½ funta twardego tofu, pokrojonego w ½-calowe kostki

INSTRUKCJE:

a) W dużej misce połącz 6 szklanek wody i sól. Mieszaj krótko, aby rozpuścić sól i dodaj kawałki bakłażana. Umieść dużą pokrywkę garnka na wierzchu, aby bakłażan był zanurzony w wodzie i pozostaw na 15 minut. Odcedź bakłażana i osusz ręcznikiem papierowym. Wrzuć bakłażana do miski z posypaną mąką kukurydzianą, około 1 łyżką stołową.

b) W małej misce wymieszaj pozostałe ½ łyżki skrobi kukurydzianej z pozostałą 1 łyżką wody, jasnym sojowym, cukrem i ciemnym sojowym. Odłożyć na bok.

c) Rozgrzej wok na średnim ogniu, aż kropla wody zacznie skwierczeć i odparuje w kontakcie. Wlej 2 łyżki oleju i zamieszaj, aby pokryć dno woka i jego boki. Ułóż bakłażana w jednej warstwie w woku.

d) Obsmaż bakłażana z każdej strony, około 4 minuty z każdej strony. Bakłażan powinien być lekko zwęglony i złocisty. Zmniejsz temperaturę do średniej, jeśli wok zacznie dymić. Przenieś bakłażana do miski i ponownie postaw wok na ogniu.

e) Dodaj pozostałą 1 łyżkę oleju i smaż czosnek i imbir, mieszając, aż będą pachnące i skwierczące, około 10 sekund. Dodać tofu i smażyć mieszając jeszcze przez 2 minuty, a następnie ponownie włożyć bakłażana do woka. Ponownie wymieszaj sos i wlej do woka, mieszając wszystkie składniki, aż sos zgęstnieje do ciemnej, błyszczącej konsystencji.

f) Przełóż bakłażana i tofu na talerz i podawaj gorące.

31. Chińskie brokuły z sosem ostrygowym

SKŁADNIKI:
- ¼ szklanki sosu ostrygowego
- 2 łyżeczki jasnego sosu sojowego
- 1 łyżeczka oleju sezamowego
- 2 łyżki oleju roślinnego
- 4 obrane plastry świeżego imbiru, każdy o wielkości ćwiartki
- 4 ząbki czosnku, obrane
- Sól koszerna
- 2 pęczki chińskich brokułów lub brokułów, z odciętymi twardymi końcami
- 2 łyżki wody

INSTRUKCJE:
a) W małej misce wymieszaj sos ostrygowy, lekką soję i olej sezamowy i odłóż na bok.
b) Rozgrzej wok na średnim ogniu, aż kropla wody zacznie skwierczeć i odparuje w kontakcie. Wlej olej roślinny i zamieszaj, aby pokryć dno woka. Dodaj imbir, czosnek i szczyptę soli. Pozwól, aby aromaty skwierczały w oleju, delikatnie mieszając przez około 10 sekund.
c) Dodaj brokuły i mieszaj, mieszając, aż pokryją się olejem i jasnozielonym kolorem. Dodaj wodę i gotuj brokuły pod przykryciem przez około 3 minuty lub do momentu, aż łodygi będą mogły być łatwo przebite nożem. Usuń imbir i czosnek i wyrzuć.
d) Wymieszaj sos i wrzuć do płaszcza, aż będzie gorący. Przełożyć na talerz do serwowania.

32. Krewetki Sól I Pieprz

SKŁADNIKI:

- 1 łyżka koszernej soli
- 1½ łyżeczki pieprzu syczuańskiego
- 1½ funta dużych krewetek (U31–35), obranych i pozbawionych żyłek, z pozostawionymi ogonami
- ½ szklanki oleju roślinnego
- 1 szklanka skrobi kukurydzianej
- 4 szalotki pokrojone w ukośne plastry
- 1 papryczka jalapeño, przekrojona na pół i pozbawiona nasion, pokrojona w cienkie plasterki
- 6 ząbków czosnku, cienko pokrojonych

INSTRUKCJE:

a) Na małej patelni lub patelni do smażenia na średnim ogniu podpiecz sól i pieprz do uzyskania aromatu, często potrząsając i mieszając, aby uniknąć przypalenia. Przełożyć do miski do całkowitego ostygnięcia. Zmiel sól i pieprz razem w młynku do przypraw lub w moździerzu. Przełożyć do miski i odstawić.

b) Krewetki osusz ręcznikiem papierowym.

c) W woku rozgrzej olej na średnim ogniu do 375 ° F lub do momentu, aż zacznie bulgotać i skwierczeć na końcu drewnianej łyżki.

d) Umieść mąkę kukurydzianą w dużej misce. Tuż przed przygotowaniem krewetek do smażenia wrzuć połowę krewetek do pokrycia w skrobi kukurydzianej i strząśnij nadmiar skrobi kukurydzianej.

e) Smaż krewetki przez 1 do 2 minut, aż zrobią się różowe. Używając skimmera do woka, przenieś smażone krewetki na stojak ustawiony nad blachą do pieczenia, aby odsączyć. Powtórz proces z pozostałymi krewetkami, wrzucając skrobię kukurydzianą, smażąc i przenosząc na stojak, aby odsączyć.

f) Gdy wszystkie krewetki będą ugotowane, ostrożnie usuń wszystkie oprócz 2 łyżek oleju i ponownie rozgrzej wok na średnim ogniu. Dodaj szalotki, papryczki jalapeño i czosnek i smaż mieszając, aż szalotki i papryczki jalapeño staną się jasnozielone, a czosnek będzie aromatyczny. Umieść krewetki z powrotem w woku, dopraw do smaku mieszanką soli i pieprzu (możesz nie użyć wszystkiego) i wrzuć do płaszcza. Przełóż krewetki na półmisek i podawaj gorące.

33. pijane krewetki

SERWY 4

SKŁADNIKI:
- 2 szklanki wina ryżowego Shaoxing
- 4 obrane plastry świeżego imbiru, każdy o wielkości ćwiartki
- 2 łyżki suszonych jagód goji (opcjonalnie)
- 2 łyżeczki cukru
- 1-funtowe krewetki jumbo (U21–25), obrane i pozbawione żyłek, z pozostawionymi ogonami
- 2 łyżki oleju roślinnego
- Sól koszerna
- 2 łyżeczki skrobi kukurydzianej

INSTRUKCJE:

a) W szerokiej misce wymieszaj wino ryżowe, imbir, jagody goji (jeśli używasz) i cukier, aż cukier się rozpuści. Dodaj krewetki i przykryj. Marynować w lodówce przez 20 do 30 minut.

b) Wlej krewetki i marynatę do durszlaka ustawionego nad miską. Zachowaj ½ szklanki marynaty, a resztę wylej.

c) Rozgrzej wok na średnim ogniu, aż kropla wody zacznie skwierczeć i odparuje w kontakcie. Wlej olej i zamieszaj, aby pokryć dno woka. Dopraw olej, dodając niewielką szczyptę soli i delikatnie zamieszaj.

d) Dodaj krewetki i energicznie smaż, mieszając, dodając szczyptę soli, przewracając krewetki w woku. Poruszaj krewetkami przez około 3 minuty, aż zmienią kolor na różowy.

e) Wmieszaj skrobię kukurydzianą do zarezerwowanej marynaty i polej nią krewetki. Wrzuć krewetki i obtocz w marynacie. Zgęstnieje w błyszczący sos, gdy zacznie się gotować, jeszcze około 5 minut.

f) Przenieś krewetki i jagody goji na półmisek, wyrzuć imbir i podawaj gorące.

34. Smażone krewetki po szanghajsku

SKŁADNIKI:
- 1 funt średniej wielkości krewetki (U31–40), obrane i pozbawione żyłek, ogony pozostawione
- 2 łyżki oleju roślinnego
- Sól koszerna
- 2 łyżeczki wina ryżowego Shaoxing
- 2 szalotki, drobno posiekane

INSTRUKCJE:

a) Używając ostrych nożyczek kuchennych lub noża do parowania, pokrój krewetki na pół wzdłuż, pozostawiając część ogonową nienaruszoną. Ponieważ krewetki są smażone w mieszance, pocięcie ich w ten sposób zapewni większą powierzchnię i stworzy niepowtarzalny kształt i teksturę!

b) Osusz krewetki ręcznikami papierowymi i pozostaw do wyschnięcia. Im bardziej suche krewetki, tym bardziej aromatyczne danie. Możesz przechowywać krewetki w lodówce, zawinięte w papierowy ręcznik, do 2 godzin przed gotowaniem.

c) Rozgrzej wok na średnim ogniu, aż kropla wody zacznie skwierczeć i odparuje w kontakcie. Wlej olej i zamieszaj, aby pokryć dno woka. Dopraw olej, dodając niewielką szczyptę soli i delikatnie zamieszaj.

d) Dodaj wszystkie krewetki na raz do gorącego woka. Szybko mieszaj i obracaj przez 2 do 3 minut, aż krewetki zaczną zmieniać kolor na różowy. Dopraw kolejną małą szczyptą soli i dodaj wino ryżowe. Niech wino się zagotuje, kontynuując smażenie, około 2 minut. Krewetki powinny się rozdzielić i zwinąć, nadal przyczepione do ogona.

e) Przełożyć na półmisek i udekorować szalotkami. Podawać na gorąco.

35. Krewetki Orzechowe

SKŁADNIKI:
- Nieprzywierający olej roślinny w sprayu
- 1-funtowe krewetki jumbo (U21–25), obrane
- 25 do 30 połówek orzecha włoskiego
- 3 szklanki oleju roślinnego do smażenia
- 2 łyżki cukru
- 2 łyżki wody
- ¼ szklanki majonezu
- 3 łyżki słodzonego skondensowanego mleka
- ¼ łyżeczki octu ryżowego
- Sól koszerna
- ⅓ szklanki skrobi kukurydzianej

INSTRUKCJE:

a) Wyłóż blachę do pieczenia pergaminem i lekko spryskaj sprayem do gotowania. Odłożyć na bok.

b) Pokrój krewetki, trzymając je na desce do krojenia zakrzywioną stroną do dołu. Zaczynając od obszaru głowy, włóż czubek noża do obierania w krewetki na trzy czwarte głębokości. Zrób plasterek od środka grzbietu krewetki do ogona. Nie przecinaj krewetki do końca i nie tnij w okolicy ogona. Otwórz krewetki jak książkę i rozłóż je płasko. Wytrzyj żyłę (przewód pokarmowy krewetki), jeśli jest widoczna i opłucz krewetkę pod zimną wodą, a następnie osusz ręcznikiem papierowym. Odłożyć na bok.

c) W woku rozgrzej olej na średnim ogniu do 375 ° F lub do momentu, aż zacznie bulgotać i skwierczeć na końcu drewnianej łyżki. Smaż orzechy włoskie na złoty kolor, 3 do 4 minut, a następnie za pomocą skimmera do woka przenieś orzechy włoskie na talerz wyłożony ręcznikiem papierowym. Odłóż na bok i wyłącz ogrzewanie.

d) W małym rondlu wymieszaj cukier i wodę i zagotuj na średnim ogniu, mieszając od czasu do czasu, aż cukier się rozpuści. Zmniejsz temperaturę do średniej i gotuj na wolnym ogniu, aby zredukować syrop przez 5 minut lub do momentu, gdy syrop będzie gęsty i błyszczący. Dodaj orzechy włoskie i wymieszaj, aby całkowicie pokryły się syropem. Przenieś orzechy na przygotowaną blachę do pieczenia i odstaw do ostygnięcia. Cukier powinien stwardnieć wokół orzechów i utworzyć kandyzowaną skorupkę.

e) W małej misce wymieszaj majonez, skondensowane mleko, ocet ryżowy i szczyptę soli. Odłożyć na bok.

f) Doprowadź olej do woka z powrotem do 375 ° F na średnim ogniu. Gdy olej się rozgrzeje, lekko dopraw krewetki szczyptą soli. W misce wymieszaj krewetki ze skrobią kukurydzianą, aż będą dobrze pokryte. Pracując w małych partiach, strząśnij nadmiar skrobi kukurydzianej z krewetek i smaż na oleju, przesuwając je szybko w oleju, aby się nie sklejały. Smaż krewetki przez 2 do 3 minut na złoty kolor.

g) Przełożyć do czystej miski i polać sosem. Delikatnie złożyć, aż krewetki będą równomiernie pokryte. Ułóż krewetki na talerzu i udekoruj kandyzowanymi orzechami włoskimi. Podawać na gorąco.

36. Aksamitne przegrzebki

SKŁADNIKI:

- 1 duże białko jajka
- 2 łyżki skrobi kukurydzianej
- 2 łyżki wina ryżowego Shaoxing, podzielone
- 1 łyżeczka soli koszernej, podzielona
- 1-funtowe świeże przegrzebki morskie, opłukane, usunięte mięśnie i osuszone
- 3 łyżki oleju roślinnego, podzielone
- 1 łyżka jasnego sosu sojowego
- ¼ szklanki świeżo wyciśniętego soku pomarańczowego
- Skórka otarta z 1 pomarańczy
- Płatki czerwonej papryki (opcjonalnie)
- 2 szalotki, tylko zielona część, cienko pokrojone, do dekoracji

INSTRUKCJE:

a) W dużej misce połącz białko jajka, skrobię kukurydzianą, 1 łyżkę wina ryżowego i ½ łyżeczki soli i mieszaj małą trzepaczką, aż skrobia kukurydziana całkowicie się rozpuści i nie będzie już grudek. Wrzucić przegrzebki i wstawić do lodówki na 30 minut.

b) Wyjmij małże z lodówki. Zagotuj średniej wielkości garnek wody. Dodaj 1 łyżkę oleju roślinnego i gotuj na wolnym ogniu. Dodaj przegrzebki do gotującej się wody i gotuj przez 15 do 20 sekund, ciągle mieszając, aż przegrzebki staną się nieprzezroczyste (przegrzebki nie będą całkowicie ugotowane). Za pomocą skimmera do woka przenieś przegrzebki na blachę do pieczenia wyłożoną ręcznikiem papierowym i osusz ręcznikiem papierowym.

c) W szklanym naczyniu miarowym połącz pozostałą 1 łyżkę wina ryżowego, lekką soję sojową, sok pomarańczowy, skórkę pomarańczową i szczyptę płatków czerwonej papryki (jeśli używasz) i odłóż na bok.

d) Rozgrzej wok na średnim ogniu, aż kropla wody zacznie skwierczeć i odparuje w kontakcie. Wlej pozostałe 2 łyżki oleju i zamieszaj, aby pokryć dno woka. Dopraw olej dodając pozostałą ½ łyżeczki soli.

e) Dodaj aksamitne przegrzebki do woka i zamieszaj w sosie. Smaż przegrzebki, aż będą ugotowane, około 1 minuty. Przełożyć do naczynia do serwowania i udekorować szalotkami.

37. Smażone owoce morza i warzywa z makaronem

SKŁADNIKI:

- 1 szklanka oleju roślinnego, podzielona
- 3 obrane plastry świeżego imbiru
- Sól koszerna
- 1 czerwona papryka, pokrojona na 1-calowe kawałki
- 1 mała biała cebula, pokrojona w cienkie, długie pionowe paski
- 1 duża garść groszku śnieżnego, usunięte nitki
- 2 duże ząbki czosnku, drobno posiekane
- ½ funta krewetek lub ryb, pokrojonych na 1-calowe kawałki
- 1 łyżka sosu z czarnej fasoli
- ½ funta suszonego makaronu ryżowego vermicelli lub makaronu z nitki fasoli

INSTRUKCJE:

a) Rozgrzej wok na średnim ogniu, aż kropla wody zacznie skwierczeć i odparuje w kontakcie. Wlej 2 łyżki oleju i zamieszaj, aby pokryć dno woka. Dopraw oliwę, dodając plasterki imbiru i niewielką szczyptę soli. Pozwól, aby imbir skwierczał w oleju przez około 30 sekund, delikatnie mieszając.

b) Dodaj paprykę i cebulę i szybko podsmaż, mieszając, podrzucając i obracając je w woku za pomocą szpatułki do woka.

c) Dopraw lekko solą i kontynuuj smażenie, mieszając, przez 4 do 6 minut, aż cebula będzie miękka i przezroczysta. Dodaj groszek śnieżny i czosnek, podrzucając i obracając, aż czosnek zacznie pachnieć, przez około minutę. Warzywa przełożyć na talerz.

d) Rozgrzać kolejną 1 łyżkę oleju i dodać krewetki lub rybę. Delikatnie wymieszaj i lekko dopraw niewielką szczyptą soli. Smaż przez 3 do 4 minut, aż krewetki staną się różowe lub ryba zacznie się łuszczyć. Umieść warzywa z powrotem i wymieszaj wszystko jeszcze przez 1 minutę. Odrzuć imbir i przełóż krewetki na półmisek. Namiot z folią utrzymującą ciepło.

e) Wytrzyj wok i wróć do średnio-wysokiej temperatury. Wlej pozostały olej (około ¾ szklanki) i podgrzej do 375 ° F lub do momentu, aż zacznie bulgotać i skwierczeć na końcu drewnianej łyżki. Gdy tylko olej się rozgrzeje, dodaj suszony makaron. Natychmiast zaczną się sapać i unosić z oleju. Za pomocą szczypiec odwróć chmurę makaronu, jeśli chcesz usmażyć górę, i ostrożnie wyjmij z oleju i przenieś na talerz wyłożony ręcznikiem papierowym, aby odsączyć i ostudzić.

f) Delikatnie pokrój makaron na mniejsze kawałki i posyp nim smażone warzywa i krewetki. Natychmiast podawaj.

38. Ryba na parze w całości z imbirem i szalotkami

SKŁADNIKI:
Dla ryb
- 1 cała biała ryba, około 2 funtów, z głową i oczyszczona
- ½ szklanki soli koszernej do czyszczenia
- 3 szalotki, pokrojone na 3-calowe kawałki
- 4 obrane plastry świeżego imbiru, każdy o wielkości ćwiartki
- 2 łyżki wina ryżowego Shaoxing

na sos
- 2 łyżki jasnego sosu sojowego
- 1 łyżka oleju sezamowego
- 2 łyżeczki cukru

Do skwierczącego olejku imbirowego
- 3 łyżki oleju roślinnego
- 2 łyżki obranego świeżego imbiru pokrojonego w cienkie paski
- 2 szalotki, cienko pokrojone
- Czerwona cebula, cienko pokrojona (opcjonalnie)
- kolendra (opcjonalnie)

INSTRUKCJE:

a) Natrzyj rybę wewnątrz i na zewnątrz solą koszerną. Opłucz rybę i osusz ręcznikiem papierowym.

b) Na talerzu wystarczająco dużym, aby zmieścił się w bambusowym koszyku do gotowania na parze, zrób łóżko, używając połowy każdej szalotki i imbiru. Połóż rybę na wierzchu i włóż do środka pozostałą szalotkę i imbir. Wlej wino ryżowe na rybę.

c) Opłucz bambusowy kosz do gotowania na parze i jego pokrywkę pod zimną wodą i umieść w woku. Wlej około 2 cali zimnej wody lub do momentu, aż znajdzie się powyżej dolnej krawędzi naczynia do gotowania na parze o około ¼ do ½ cala, ale nie tak wysoko, aby woda dotykała dna koszyka. Doprowadź wodę do wrzenia.

d) Umieść talerz w koszyku do gotowania na parze i przykryj. Gotuj rybę na średnim ogniu przez 15 minut (dodaj 2 minuty na każde pół funta więcej). Przed wyjęciem z woka nakłuć rybę widelcem w pobliżu głowy. Jeśli mięso się łuszczy, jest gotowe. Jeśli mięso nadal się klei, gotuj na parze jeszcze przez 2 minuty.

e) Gdy ryba gotuje się na parze, na małej patelni rozgrzej na małym ogniu soję, olej sezamowy i cukier, odstaw na bok.

f) Po ugotowaniu ryby przełóż ją na czysty talerz. Wylej płyn z gotowania i aromaty z płyty do gotowania na parze. Wlej ciepłą mieszankę sosu sojowego na rybę. Namiot z folią, aby utrzymać ciepło podczas przygotowywania oleju.

39. Smażona Ryba Z Imbirem I Bok Choy

SKŁADNIKI:

- 1 duże białko jajka
- 1 łyżka wina ryżowego Shaoxing
- 2 łyżeczki skrobi kukurydzianej
- 1 łyżeczka oleju sezamowego
- ½ łyżeczki jasnego sosu sojowego
- 1-funtowe filety rybne bez kości, pokrojone na 2-calowe kawałki
- 4 łyżki oleju roślinnego, podzielone
- Sól koszerna
- 4 obrane świeże plastry imbiru, mniej więcej wielkości ćwiartki
- 3 główki baby bok choy, pokrojone na małe kawałki
- 1 ząbek czosnku, posiekany

INSTRUKCJE:

a) W średniej misce wymieszaj białko jaja, wino ryżowe, skrobię kukurydzianą, olej sezamowy i lekką soję. Dodaj rybę do marynaty i wymieszaj, aby się pokryła. Marynować przez 10 minut.

b) Rozgrzej wok na średnim ogniu, aż kropla wody zacznie skwierczeć i odparuje w kontakcie. Wlej 2 łyżki oleju roślinnego i zamieszaj, aby pokryć dno woka. Dopraw olej, dodając niewielką szczyptę soli i delikatnie zamieszaj.

c) Łyżką cedzakową wyjąć rybę z marynaty i obsmażyć na woku po około 2 minuty z każdej strony, aż lekko się zarumieni z obu stron. Przełóż rybę na talerz i odstaw.

d) Dodaj pozostałe 2 łyżki oleju roślinnego do woka. Dodaj kolejną szczyptę soli i imbiru i dopraw olej, delikatnie mieszając przez 30 sekund. Dodać bok choy i czosnek i smażyć mieszając przez 3 do 4 minut, ciągle mieszając, aż bok choy będzie miękki.

e) Umieść rybę z powrotem w woku i delikatnie wymieszaj razem z bok choy, aż się połączą. Dopraw lekko kolejną szczyptą soli. Przełóż na talerz, wyrzuć imbir i natychmiast podawaj.

40. Małże W Sosie Z Czarnej Fasoli

SKŁADNIKI:
- 3 łyżki oleju roślinnego
- 2 obrane plastry świeżego imbiru, każdy o wielkości ćwiartki
- Sól koszerna
- 2 szalotki, pokrojone na 2-calowe kawałki
- 4 duże ząbki czosnku, cienko pokrojone
- 2 funty żywych małży PEI, wyszorowanych i pozbawionych brody
- 2 łyżki wina ryżowego Shaoxing
- 2 łyżki sosu z czarnej fasoli lub kupionego w sklepie sosu z czarnej fasoli
- 2 łyżeczki oleju sezamowego
- ½ pęczka świeżej kolendry, grubo posiekanej

INSTRUKCJE:

a) Rozgrzej wok na średnim ogniu, aż kropla wody zacznie skwierczeć i odparuje w kontakcie. Wlej olej roślinny i zamieszaj, aby pokryć dno woka. Dopraw oliwę, dodając plasterki imbiru i niewielką szczyptę soli. Pozwól, aby imbir skwierczał w oleju przez około 30 sekund, delikatnie mieszając.

b) Wrzucić szalotki i czosnek i smażyć mieszając przez 10 sekund lub do momentu, aż szalotki zwiędną.

c) Dodaj małże i wymieszaj, aby pokryły się olejem. Wlej wino ryżowe po ściankach woka i krótko zamieszaj. Przykryj i gotuj na parze przez 6 do 8 minut, aż małże się otworzą.

d) Odkryj i dodaj sos z czarnej fasoli, mieszając, aby pokrył małże. Przykryj i pozostaw na parze przez kolejne 2 minuty. Odkryj i przejrzyj, usuwając wszystkie małże, które się nie otworzyły.

e) Skrop małże olejem sezamowym. Mieszaj krótko, aż olej sezamowy zacznie pachnieć. Odrzuć imbir, przełóż małże na półmisek i udekoruj kolendrą.

41. Krab Kokosowy Curry

SKŁADNIKI:
- 2 łyżki oleju roślinnego
- 2 obrane plastry świeżego imbiru, mniej więcej wielkości ćwiartki
- Sól koszerna
- 1 szalotka, cienko pokrojona
- 1 łyżka curry w proszku
- 1 (13,5 uncji) puszka mleka kokosowego
- ¼ łyżeczki cukru
- 1 łyżka wina ryżowego Shaoxing
- 1-funtowe mięso kraba w puszce, odsączone i zebrane w celu usunięcia kawałków skorupy
- Świeżo mielony czarny pieprz
- ¼ szklanki posiekanej świeżej kolendry lub natki pietruszki do dekoracji
- Ugotowany ryż, do podania

INSTRUKCJE:

a) Rozgrzej wok na średnim ogniu, aż kropla wody zacznie skwierczeć i odparuje w kontakcie. Wlej olej i zamieszaj, aby pokryć dno woka. Doprawiamy olej dodając plastry imbiru i szczyptę soli. Pozwól, aby imbir skwierczał w oleju przez około 30 sekund, delikatnie mieszając.

b) Dodać szalotkę i smażyć mieszając przez około 10 sekund. Dodaj curry w proszku i mieszaj, aż zacznie pachnieć przez kolejne 10 sekund.

c) Dodaj mleko kokosowe, cukier i wino ryżowe, przykryj wok i gotuj przez 5 minut.

d) Wymieszaj kraba, przykryj pokrywką i gotuj, aż się podgrzeje, około 5 minut. Zdejmij pokrywkę, dopraw solą i pieprzem i wyrzuć imbir. Nałóż chochlę na miskę ryżu i udekoruj posiekaną kolendrą.

42. Smażone w Głębokim Czarnym Pieprzu Kalmary

SKŁADNIKI:

- 3 szklanki oleju roślinnego
- 1-funtowe rurki i macki kalmarów, oczyszczone i pocięte na ⅓-calowe pierścienie
- ½ szklanki mąki ryżowej
- Sól koszerna
- ¼ łyżeczki świeżo zmielonego czarnego pieprzu
- ¾ szklanki wody gazowanej, utrzymywanej w lodowatej temperaturze
- 2 łyżki grubo posiekanej świeżej kolendry

INSTRUKCJE:

a) Wlej olej do woka; olej powinien mieć około 1 do 1½ cala głębokości. Doprowadź olej do 375 ° F na średnim ogniu. Możesz powiedzieć, że olej ma odpowiednią temperaturę, gdy olej bulgocze i skwierczy wokół końca drewnianej łyżki, gdy jest zanurzony. Osusz kałamarnicę papierowymi ręcznikami.

b) W międzyczasie w płytkiej misce wymieszaj mąkę ryżową ze szczyptą soli i pieprzu. Ubij tyle wody gazowanej, aby powstało rzadkie ciasto. Złóż kalmary i pracując partiami, podnieś kalmary z ciasta za pomocą skimmera do woka lub łyżki cedzakowej, strząśnij nadmiar. Ostrożnie zanurzyć w gorącym oleju.

c) Gotuj kalmary przez około 3 minuty, aż będą złociste i chrupiące. Za pomocą skimmera do woka wyjmij kalmary z oleju i przełóż na talerz wyłożony ręcznikiem papierowym i lekko dopraw solą. Powtórz z pozostałą kałamarnicą.

d) Przełóż kalmary na talerz i udekoruj kolendrą. Podawać na gorąco.

43. Ostrygi smażone w głębokim tłuszczu z konfetti czosnkowo-chili

SKŁADNIKI:
- 1 (16 uncji) pojemnik na małe ostrygi
- ½ szklanki mąki ryżowej
- ½ szklanki mąki uniwersalnej, podzielonej
- ½ łyżeczki proszku do pieczenia
- Sól koszerna
- Pieprz biały mielony
- ¼ łyżeczki cebuli w proszku
- ¾ szklanki wody gazowanej, schłodzonej
- 1 łyżeczka oleju sezamowego
- 3 szklanki oleju roślinnego
- 3 duże ząbki czosnku, cienko pokrojone
- 1 mała czerwona papryczka chili, pokrojona w drobną kostkę
- 1 małe zielone chili, drobno pokrojone
- 1 szalotka, cienko pokrojona

INSTRUKCJE:

a) W misce wymieszaj mąkę ryżową, ¼ szklanki mąki uniwersalnej, proszek do pieczenia, szczyptę soli i białego pieprzu oraz cebulę w proszku. Dodaj wodę gazowaną i olej sezamowy, wymieszaj do uzyskania gładkości i odstaw na bok.

b) W woku podgrzej olej roślinny na średnim ogniu do 375 ° F lub do momentu, aż zacznie bulgotać i skwierczeć na końcu drewnianej łyżki.

c) Osącz ostrygi papierowym ręcznikiem i obtocz w pozostałej ¼ szklanki mąki uniwersalnej. Zanurzać ostrygi pojedynczo w cieście z mąki ryżowej i ostrożnie zanurzać w gorącym oleju.

d) Smaż ostrygi przez 3 do 4 minut lub do uzyskania złotego koloru. Przenieś na drucianą kratkę do chłodzenia umieszczoną nad blachą do pieczenia, aby odsączyć. Posypać lekko solą.

e) Przywróć temperaturę oleju do 375 ° F i krótko smaż czosnek i papryczki chilli, aż będą chrupiące, ale nadal jaskrawo kolorowe, około 45 sekund. Za pomocą skimmera wyjmij olej i umieść na talerzu wyłożonym ręcznikiem papierowym.

f) Ułóż ostrygi na talerzu i posyp je czosnkiem i chilli. Udekoruj pokrojoną szalotką i natychmiast podawaj.

44. Kurczak kung Pao

SKŁADNIKI:
- 3 łyżeczki jasnego sosu sojowego
- 2½ łyżeczki skrobi kukurydzianej
- 2 łyżeczki chińskiego czarnego octu
- 1 łyżeczka wina ryżowego Shaoxing
- 1 łyżeczka oleju sezamowego
- ¾ funta bez kości, bez skóry, uda z kurczaka, pokrojone na 1 cal
- 2 łyżki oleju roślinnego
- 6 do 8 całych suszonych czerwonych papryczek chili
- 3 szalotki, oddzielone białe i zielone części, cienko pokrojone
- 2 ząbki czosnku, posiekane
- 1 łyżeczka obranego, posiekanego świeżego imbiru
- ¼ szklanki niesolonych suchych prażonych orzeszków ziemnych

INSTRUKCJE:

a) W średniej misce wymieszaj lekką soję, skrobię kukurydzianą, czarny ocet, wino ryżowe i olej sezamowy, aż skrobia kukurydziana się rozpuści. Dodać kurczaka i delikatnie wymieszać, aby się pokrył. Marynuj przez 10 do 15 minut lub wystarczająco dużo czasu na przygotowanie pozostałych składników.

b) Rozgrzej wok na średnim ogniu, aż kropla wody zacznie skwierczeć i odparuje w kontakcie. Wlej olej roślinny i zamieszaj, aby pokryć dno woka.

c) Dodaj papryczki chilli i smaż przez około 10 sekund, aż zaczną czernieć, a olej zacznie lekko pachnieć.

d) Dodać kurczaka, zachowując marynatę i smażyć mieszając przez 3 do 4 minut, aż przestanie być różowy.

e) Wrzuć białka szalotki, czosnek i imbir i smaż przez około 30 sekund. Wlać marynatę i wymieszać, aby pokryła kurczaka. Wrzuć orzeszki ziemne i gotuj przez kolejne 2 do 3 minut, aż sos stanie się błyszczący.

f) Przenieś na talerz do serwowania, udekoruj zieloną cebulką i podawaj na gorąco.

45. Kurczak Brokułowy

SKŁADNIKI:

- 1 łyżka wina ryżowego Shaoxing
- 2 łyżeczki jasnego sosu sojowego
- 1 łyżeczka mielonego czosnku
- 1 łyżeczka skrobi kukurydzianej
- ¼ łyżeczki cukru
- ¾ funta bez kości, bez skóry udka z kurczaka, pokrojone na 2-calowe kawałki
- 2 łyżki oleju roślinnego
- 4 obrane świeże plastry imbiru, mniej więcej wielkości ćwiartki
- Sól koszerna
- 1-funtowy brokuł, pokrojony w różyczki wielkości kęsa
- 2 łyżki wody
- Płatki czerwonej papryki (opcjonalnie)
- ¼ szklanki sosu z czarnej fasoli lub kupionego w sklepie sosu z czarnej fasoli

INSTRUKCJE:

a) W małej misce wymieszaj wino ryżowe, lekką soję, czosnek, skrobię kukurydzianą i cukier. Dodaj kurczaka i marynuj przez 10 minut.

b) Rozgrzej wok na średnim ogniu, aż kropla wody zacznie skwierczeć i odparuje w kontakcie. Wlej olej roślinny i zamieszaj, aby pokryć dno woka. Dodaj imbir i szczyptę soli. Pozwól imbirowi skwierczeć przez około 30 sekund, delikatnie mieszając.

c) Przełóż kurczaka do woka, odrzucając marynatę. Smaż kurczaka przez 4 do 5 minut, aż przestanie być różowy. Dodaj brokuły, wodę i szczyptę płatków czerwonej papryki (jeśli używasz) i smaż przez 1 minutę, mieszając. Przykryj wok i gotuj brokuły na parze przez 6 do 8 minut, aż będą chrupiące.

d) Mieszaj sos z czarnej fasoli, aż zostanie pokryty i podgrzany przez około 2 minuty lub do momentu, gdy sos lekko zgęstnieje i stanie się błyszczący.

e) Odrzuć imbir, przełóż na półmisek i podawaj na gorąco.

46. Kurczak w Skórce Mandarynki

SKŁADNIKI:
- 3 duże białka jaj
- 2 łyżki skrobi kukurydzianej
- 1½ łyżki jasnego sosu sojowego, podzielone
- ¼ łyżeczki mielonego białego pieprzu
- ¾ funta bez kości, bez skóry udka z kurczaka, pokrojone na kawałki wielkości kęsa
- 3 szklanki oleju roślinnego
- 4 obrane plastry świeżego imbiru, każdy o wielkości ćwiartki
- 1 łyżeczka pieprzu syczuańskiego, lekko popękanego
- Sól koszerna
- ½ żółtej cebuli, cienko pokrojonej w paski o szerokości ¼ cala
- Obierz skórkę z 1 mandarynki, posiekaną na paski o grubości ⅛ cala
- Sok z 2 mandarynek (około ½ szklanki)
- 2 łyżeczki oleju sezamowego
- ½ łyżeczki octu ryżowego
- Jasnobrązowy cukier
- 2 szalotki, cienko pokrojone, do dekoracji
- 1 łyżka nasion sezamu, do dekoracji

INSTRUKCJE:

a) W misce do mieszania, używając widelca lub trzepaczki, ubij białka, aż się spienią i aż gęstsze grudki będą się pieniły. Wymieszaj mąkę kukurydzianą, 2 łyżeczki jasnej soi i biały pieprz, aż dobrze się połączą. Złóż kurczaka i marynuj przez 10 minut.

b) Wlej olej do woka; olej powinien mieć około 1 do 1½ cala głębokości. Doprowadź olej do 375 ° F na średnim ogniu. Możesz stwierdzić, że olej ma odpowiednią temperaturę, gdy zanurzysz w nim koniec drewnianej łyżki. Jeśli olej bulgocze i skwierczy wokół niego, olej jest gotowy.

c) Za pomocą łyżki cedzakowej lub skimmera do woka wyjmij kurczaka z marynaty i strząśnij nadmiar. Ostrożnie zanurzyć w gorącym oleju. Smaż kurczaka partiami przez 3 do 4 minut lub do momentu, aż kurczak będzie złotobrązowy i chrupiący na powierzchni. Przełożyć na talerz wyłożony ręcznikiem papierowym.

d) Wylej z woka wszystko oprócz 1 łyżki oleju i postaw na średnim ogniu. Zamieszaj olejem, aby pokryć dno woka. Doprawiamy olej dodając imbir, ziarna pieprzu i szczyptę soli. Pozwól, aby imbir i ziarna pieprzu skwierczały w oleju przez około 30 sekund, delikatnie mieszając.

e) Dodaj cebulę i smaż mieszając, mieszając i obracając szpatułką z woka przez 2 do 3 minut lub do momentu, aż cebula stanie się miękka i przezroczysta. Dodać skórkę mandarynki i smażyć mieszając przez kolejną minutę lub do momentu, aż zacznie pachnieć.

f) Dodaj sok z mandarynek, olej sezamowy, ocet i szczyptę brązowego cukru. Doprowadzić sos do wrzenia i gotować na wolnym ogniu przez około 6 minut, aż zredukuje się o połowę. Powinien być syropowaty i bardzo pikantny. Spróbuj i w razie potrzeby dodaj szczyptę soli.

g) Wyłącz ogień i dodaj smażonego kurczaka, mieszając, aby pokrył się sosem. Przełóż kurczaka na półmisek, wyrzuć imbir i udekoruj pokrojoną szalotką i sezamem. Podawać na gorąco.

47. Kurczak z nerkowcami

OD 4 DO 6 OSÓB

SKŁADNIKI:

- 1 łyżka jasnego sosu sojowego
- 2 łyżeczki wina ryżowego Shaoxing
- 2 łyżeczki skrobi kukurydzianej
- 1 łyżeczka oleju sezamowego
- ½ łyżeczki mielonego pieprzu syczuańskiego
- ¾ funta bez kości, bez skóry, uda z kurczaka, pokrojone w 1-calowe kostki
- 2 łyżki oleju roślinnego
- ½-calowy kawałek obranego drobno posiekanego świeżego imbiru
- Sól koszerna
- ½ czerwonej papryki, pokrojonej w ½-calowe kawałki
- 1 mała cukinia, pokrojona w ½-calowe kawałki
- 2 ząbki czosnku, posiekane
- ½ szklanki niesolonych suchych prażonych orzechów nerkowca
- 2 szalotki, oddzielone białe i zielone części, cienko pokrojone

INSTRUKCJE:

a) W średniej misce wymieszaj lekką soję, wino ryżowe, skrobię kukurydzianą, olej sezamowy i pieprz syczuański. Dodać kurczaka i delikatnie wymieszać, aby się pokrył. Pozwól mu marynować przez 15 minut lub wystarczająco długo, aby przygotować resztę składników.

b) Rozgrzej wok na średnim ogniu, aż kropla wody zacznie skwierczeć i odparuje w kontakcie. Wlej olej roślinny i zamieszaj, aby pokryć dno woka. Doprawiamy olej dodając imbir i szczyptę soli. Pozwól, aby imbir skwierczał w oleju przez około 30 sekund, delikatnie mieszając.

c) Za pomocą szczypiec wyjąć kurczaka z marynaty i przełożyć do woka, zachowując marynatę. Smaż kurczaka przez 4 do 5 minut, aż przestanie być różowy. Dodaj czerwoną paprykę, cukinię i czosnek i smaż mieszając przez 2 do 3 minut lub do momentu, aż warzywa będą miękkie.

d) Wlać marynatę i wymieszać, aby pokryła pozostałe składniki. Doprowadzić marynatę do wrzenia i dalej smażyć, mieszając, przez 1 do 2 minut, aż sos stanie się gęsty i błyszczący. Wmieszaj orzechy nerkowca i gotuj przez kolejną minutę.

e) Przełożyć na talerz, udekorować szalotkami i podawać gorące.

48. Aksamitny kurczak i śnieżny groszek

SKŁADNIKI:

- 2 duże białka jaj
- 2 łyżki skrobi kukurydzianej plus 1 łyżeczka
- ¾ funta bez kości, bez skóry piersi z kurczaka
- 3½ łyżki oleju roślinnego, podzielone
- ⅓ szklanki bulionu z kurczaka o niskiej zawartości sodu
- 1 łyżka wina ryżowego Shaoxing
- Sól koszerna
- Pieprz biały mielony
- 4 obrane plastry świeżego imbiru
- 1 (4 uncje) puszka pokrojonych pędów bambusa, wypłukanych i osuszonych
- 3 ząbki czosnku, posiekane
- ¾ funta groszku śnieżnego lub groszku cukrowego, usunięte sznurki

INSTRUKCJE:

a) W misce do mieszania, używając widelca lub trzepaczki, ubij białka jaj, aż będą spienione, a ciaśniejsze grudki białka jaja będą się pieniły. Mieszaj 2 łyżki skrobi kukurydzianej, aż dobrze się połączą i nie będą już grudkowate. Złóż kurczaka i 1 łyżkę oleju roślinnego i zamarynuj.

b) W małej misce wymieszaj bulion z kurczaka, wino ryżowe i pozostałą 1 łyżeczkę skrobi kukurydzianej i dopraw szczyptą soli i białego pieprzu. Odłożyć na bok.

c) Doprowadź średni rondel wypełniony wodą do wrzenia na dużym ogniu. Dodaj ½ łyżki oleju i zmniejsz ogień do wrzenia. Używając skimmera do woka lub łyżki cedzakowej, aby marynata mogła spłynąć, przenieś kurczaka do wrzącej wody. Zamieszaj kurczaka, aby kawałki się nie połączyły. Gotuj przez 40 do 50 sekund, aż kurczak będzie biały na zewnątrz, ale nie ugotowany. Odcedź kurczaka na durszlaku i strząśnij nadmiar wody. Odlej gotującą się wodę.

d) Rozgrzej wok na średnim ogniu, aż kropla wody zacznie skwierczeć i odparuje w kontakcie. Wlej pozostałe 2 łyżki oleju i zamieszaj, aby pokryć dno woka. Dopraw oliwę, dodając plasterki imbiru i sól. Pozwól, aby imbir skwierczał w oleju przez około 30 sekund, delikatnie mieszając.

e) Dodaj pędy bambusa i czosnek i za pomocą szpatułki z woka wymieszaj, aby pokryły się olejem i gotuj, aż będą aromatyczne, około 30 sekund. Dodać groszek śnieżny i smażyć mieszając przez około 2 minuty, aż będzie jasnozielony i chrupiący. Dodaj kurczaka do woka i zamieszaj w mieszance sosu. Wrzuć do płaszcza i kontynuuj gotowanie przez 1 do 2 minut.

f) Przełóż na talerz i wyrzuć imbir. Podawać na gorąco.

49. Kurczak i Warzywa Z Sosem Z Czarnej Fasoli

SKŁADNIKI:
- 1 łyżka jasnego sosu sojowego
- 1 łyżeczka oleju sezamowego
- 1 łyżeczka skrobi kukurydzianej
- ¾ funta bez kości, bez skóry udka z kurczaka, pokrojone na kawałki wielkości kęsa
- 3 łyżki oleju roślinnego, podzielone
- 1 obrany świeży plasterek imbiru, mniej więcej wielkości ćwiartki
- Sól koszerna
- 1 mała żółta cebula, pokrojona na małe kawałki
- ½ czerwonej papryki, pokrojonej na małe kawałki
- ½ żółtej lub zielonej papryki, pokrojonej na małe kawałki
- 3 ząbki czosnku, posiekane
- ⅓ szklanki sosu z czarnej fasoli lub kupionego w sklepie sosu z czarnej fasoli

INSTRUKCJE:

a) W dużej misce wymieszaj lekką soję, olej sezamowy i skrobię kukurydzianą, aż skrobia kukurydziana się rozpuści. Dodać kurczaka i obtoczyć w marynacie. Odstaw kurczaka do marynowania na 10 minut.

b) Rozgrzej wok na średnim ogniu, aż kropla wody zacznie skwierczeć i odparuje w kontakcie. Wlej 2 łyżki oleju roślinnego i zamieszaj, aby pokryć dno woka. Doprawiamy olej dodając imbir i szczyptę soli. Pozwól, aby imbir skwierczał w oleju przez około 30 sekund, delikatnie mieszając.

c) Przełóż kurczaka do woka i odlej marynatę. Niech kawałki smażą się w woku przez 2 do 3 minut. Odwróć, aby smażyć po drugiej stronie przez kolejne 1 do 2 minut. Smażyć, szybko mieszając i obracając w woku jeszcze przez 1 minutę. Przełożyć do czystej miski.

d) Dodaj pozostałą 1 łyżkę oleju i wrzuć cebulę i paprykę. Szybko mieszając smaż przez 2 do 3 minut, podrzucając i przewracając warzywa szpatułką do woka, aż cebula będzie przezroczysta, ale nadal będzie miała jędrną konsystencję. Dodać czosnek i smażyć mieszając przez kolejne 30 sekund.

e) Umieść kurczaka z powrotem w woku i dodaj sos z czarnej fasoli. Podrzucaj i obracaj, aż kurczak i warzywa pokryją się.

f) Przełóż na talerz, wyrzuć imbir i podawaj gorące.

50. Kurczak Z Zielonej Fasoli

SKŁADNIKI:
- ¾ funta udek z kurczaka bez kości i skóry, pokrojonych w poprzek włókien na paski wielkości kęsa
- 3 łyżki wina ryżowego Shaoxing, podzielone
- 2 łyżeczki skrobi kukurydzianej
- Sól koszerna
- płatki czerwonej papryki
- 3 łyżki oleju roślinnego, podzielone
- 4 obrane plastry świeżego imbiru, każdy o wielkości ćwiartki
- ¾ funta zielonej fasoli, przyciętej i przekrojonej na pół po przekątnej
- 2 łyżki jasnego sosu sojowego
- 1 łyżka sezonowego octu ryżowego
- ¼ szklanki posiekanych migdałów, uprażonych
- 2 łyżeczki oleju sezamowego

INSTRUKCJE:

a) W misce wymieszaj kurczaka z 1 łyżką wina ryżowego, skrobią kukurydzianą, małą szczyptą soli i szczyptą płatków czerwonej papryki. Mieszaj, aby równomiernie pokryć kurczaka. Marynować przez 10 minut.

b) Rozgrzej wok na średnim ogniu, aż kropla wody zacznie skwierczeć i odparuje w kontakcie. Wlej 2 łyżki oleju roślinnego i zamieszaj, aby pokryć dno woka. Doprawiamy olej dodając imbir i niewielką szczyptę soli. Pozwól, aby imbir skwierczał w oleju przez około 30 sekund, delikatnie mieszając.

c) Dodaj kurczaka i marynatę do woka i smaż mieszając przez 3 do 4 minut, aż kurczak będzie lekko przypieczony i przestanie być różowy. Przełożyć do czystej miski i odstawić.

d) Dodaj pozostałą 1 łyżkę oleju roślinnego i smaż zieloną fasolkę przez 2 do 3 minut, aż zmieni kolor na jasnozielony. Umieść kurczaka z powrotem w woku i wymieszaj. Dodaj pozostałe 2 łyżki wina ryżowego, soję light i ocet. Wrzuć do połączenia i pokryj i pozwól zielonej fasoli gotować się przez kolejne 3 minuty lub do momentu, gdy zielona fasola będzie miękka. Usuń imbir i wyrzuć.

e) Wrzuć migdały i przełóż na talerz. Skropić olejem sezamowym i podawać na gorąco.

51. Kurczak W Sosie Sezamowym

SKŁADNIKI:
- 3 duże białka jaj
- 3 łyżki skrobi kukurydzianej, podzielone
- 1½ łyżki jasnego sosu sojowego, podzielone
- 1 funt bez kości, bez skóry udka z kurczaka, pokrojone na kawałki wielkości kęsa
- 3 szklanki oleju roślinnego
- 3 obrane plastry świeżego imbiru, każdy o wielkości ćwiartki
- Sól koszerna
- płatki czerwonej papryki
- 3 ząbki czosnku, grubo posiekane
- ¼ szklanki bulionu z kurczaka o niskiej zawartości sodu
- 2 łyżki oleju sezamowego
- 2 szalotki, cienko pokrojone, do dekoracji
- 1 łyżka nasion sezamu, do dekoracji

INSTRUKCJE:

a) W misce do mieszania, używając widelca lub trzepaczki, ubij białka jaj, aż będą spienione, a ciaśniejsze grudki białka jaja będą się pieniły. Wymieszaj razem 2 łyżki skrobi kukurydzianej i 2 łyżeczki jasnej soi, aż dobrze się połączą. Złóż kurczaka i marynuj przez 10 minut.

b) Wlej olej do woka; olej powinien mieć około 1 do 1½ cala głębokości. Doprowadź olej do 375 ° F na średnim ogniu. Możesz stwierdzić, że olej ma odpowiednią temperaturę, gdy zanurzysz w nim koniec drewnianej łyżki. Jeśli olej bulgocze i skwierczy wokół niego, olej jest gotowy.

c) Za pomocą łyżki cedzakowej lub skimmera do woka wyjmij kurczaka z marynaty i strząśnij nadmiar. Ostrożnie zanurzyć w gorącym oleju. Smaż kurczaka partiami przez 3 do 4 minut lub do momentu, aż kurczak będzie złotobrązowy i chrupiący na powierzchni. Przełożyć na talerz wyłożony ręcznikiem papierowym.

d) Wylej z woka wszystko oprócz 1 łyżki oleju i postaw na średnim ogniu. Zamieszaj olejem, aby pokryć dno woka. Doprawiamy olej dodając imbir oraz szczyptę soli i płatków czerwonego pieprzu.

Pozwól płatkom imbiru i pieprzu skwierczeć w oleju przez około 30 sekund, delikatnie mieszając.

e) Dodaj czosnek i smaż mieszając, mieszając i obracając szpatułką z woka przez 30 sekund. Wymieszaj bulion z kurczaka, pozostałe 2½ łyżeczki jasnej soi i pozostałą 1 łyżkę skrobi kukurydzianej. Gotuj przez 4 do 5 minut, aż sos zgęstnieje i nabierze połysku. Dodać olej sezamowy i wymieszać do połączenia.

f) Wyłącz ogień i dodaj smażonego kurczaka, mieszając, aby pokrył się sosem. Usuń imbir i wyrzuć. Przełożyć na talerz i udekorować pokrojoną szalotką i sezamem.

52. Słodko-kwaśny kurczak

SKŁADNIKI:

- 2 łyżeczki skrobi kukurydzianej i 2 łyżki wody
- 3 łyżki oleju roślinnego, podzielone
- 4 obrane plastry świeżego imbiru
- ¾ funta bez kości, bez skóry udka z kurczaka, pokrojone na kęs
- ½ czerwonej papryki, pokrojonej w ½-calowe kawałki
- ½ zielonej papryki, pokrojonej w ½-calowe kawałki
- ½ żółtej cebuli, pokrojonej w ½-calowe kawałki
- 1 (8 uncji) puszka kawałków ananasa, odsączonych, soki zarezerwowane
- 1 (4 uncje) puszka pokrojonych kasztanów wodnych, odsączonych
- ¼ szklanki bulionu z kurczaka o niskiej zawartości sodu
- 2 łyżki jasnego brązowego cukru
- 2 łyżki octu jabłkowego
- 2 łyżki ketchupu
- 1 łyżeczka sosu Worcestershire
- 3 szalotki, cienko pokrojone, do dekoracji

INSTRUKCJE:

a) W małej misce wymieszaj mąkę kukurydzianą i wodę i odłóż na bok.

b) Rozgrzej wok na średnim ogniu, aż kropla wody zacznie skwierczeć i odparuje w kontakcie. Wlej 2 łyżki oleju i zamieszaj, aby pokryć dno woka. Doprawiamy olej dodając imbir i szczyptę soli. Pozwól, aby imbir skwierczał w oleju przez około 30 sekund, delikatnie mieszając.

c) Dodaj kurczaka i smaż na woku przez 2 do 3 minut. Odwróć i wrzuć kurczaka, mieszając, smaż jeszcze przez około 1 minutę, aż przestanie być różowy. Przełożyć do miski i odstawić.

d) Dodaj pozostałą 1 łyżkę oleju i zamieszaj, aby pokryć. Smaż czerwoną i zieloną paprykę i cebulę przez 3 do 4 minut, aż będą miękkie i przezroczyste. Dodaj ananasa i kasztany wodne i smaż jeszcze przez minutę, mieszając. Dodać warzywa do kurczaka i odstawić.

e) Wlej zarezerwowany sok ananasowy, bulion z kurczaka, brązowy cukier, ocet, ketchup i sos Worcestershire do woka i zagotuj. Utrzymuj ogień na średnim poziomie i gotuj przez około 4 minuty, aż płyn zredukuje się o połowę.

f) Umieść kurczaka i warzywa z powrotem w woku i wymieszaj z sosem. Szybko wymieszaj mieszaninę skrobi kukurydzianej z wodą i dodaj do woka. Podrzucaj i obracaj wszystko, aż skrobia kukurydziana zacznie gęstnieć sos, stając się błyszczący.

g) Odrzuć imbir, przełóż na półmisek, udekoruj dymką i podawaj na gorąco.

53. Moo Goo Gai Pan

SKŁADNIKI:

- 1 łyżka jasnego sosu sojowego
- 1 łyżka wina ryżowego Shaoxing
- 2 łyżeczki oleju sezamowego
- ¾ funta piersi z kurczaka bez kości, bez skóry, pokrojone w plastry
- ½ szklanki bulionu z kurczaka o niskiej zawartości sodu
- 2 łyżki sosu ostrygowego
- 1 łyżeczka cukru
- 1 łyżka skrobi kukurydzianej
- 3 łyżki oleju roślinnego, podzielone
- 4 obrane plastry świeżego imbiru
- 4 uncje świeżych pieczarek, cienko pokrojonych
- 1 (4 uncje) puszka pokrojonych pędów bambusa, odsączonych
- 1 (4 uncje) puszka pokrojonych kasztanów wodnych, odsączonych
- 1 ząbek czosnku, drobno posiekany

INSTRUKCJE:

a) W dużej misce wymieszaj lekką soję, wino ryżowe i olej sezamowy, aż będą gładkie. Dodaj kurczaka i wrzuć do sierści. Marynować przez 15 minut.

b) W małej misce wymieszaj bulion z kurczaka, sos ostrygowy, cukier i skrobię kukurydzianą, aż będą gładkie i odłóż na bok.

c) Rozgrzej wok na średnim ogniu, aż kropla wody zacznie skwierczeć i odparuje w kontakcie. Wlej 2 łyżki oleju roślinnego i zamieszaj, aby pokryć dno woka. Doprawiamy olej dodając imbir i niewielką szczyptę soli. Pozwól, aby imbir skwierczał w oleju przez około 30 sekund, delikatnie mieszając.

d) Dodać kurczaka i odrzucić marynatę. Smaż przez 2 do 3 minut, aż kurczak nie będzie już różowy. Przełożyć do czystej miski i odstawić.

e) Dodaj pozostałą 1 łyżkę oleju roślinnego. Smaż grzyby przez 3 do 4 minut, szybko mieszając i przewracając. Gdy tylko grzyby wyschną, przestań smażyć i pozwól grzybom usiąść na gorącym woku przez około minutę.

f) Dodaj pędy bambusa, kasztany wodne i czosnek. Smaż przez 1 minutę lub do momentu, aż czosnek zacznie pachnieć. Umieść kurczaka z powrotem w woku i wymieszaj.

g) Sos wymieszać i dodać do woka. Smażyć i gotować, aż sos zacznie się gotować, około 45 sekund. Podrzucaj i obracaj, aż sos zgęstnieje i stanie się błyszczący. Usuń imbir i wyrzuć.

54. Jajko Foo Yong

SKŁADNIKI:
- 5 dużych jajek w temperaturze pokojowej
- Sól koszerna
- Pieprz biały mielony
- ½ szklanki cienko pokrojonych kapeluszy grzybów shiitake
- ½ szklanki mrożonego groszku, rozmrożonego
- 2 szalotki, posiekane
- 2 łyżeczki oleju sezamowego
- ½ szklanki bulionu z kurczaka o niskiej zawartości sodu
- 1½ łyżki sosu ostrygowego
- 1 łyżka wina ryżowego Shaoxing
- ½ łyżeczki cukru
- 2 łyżki jasnego sosu sojowego
- 1 łyżka skrobi kukurydzianej
- 3 łyżki oleju roślinnego
- Ugotowany ryż, do podania

INSTRUKCJE:

a) W dużej misce ubij jajka ze szczyptą soli i białego pieprzu. Wymieszaj z grzybami, groszkiem, szalotkami i olejem sezamowym. Odłożyć na bok.

b) Przygotuj sos, gotując bulion z kurczaka, sos ostrygowy, wino ryżowe i cukier w małym rondlu na średnim ogniu. W małej szklanej miarce ubij lekką soję i skrobię kukurydzianą, aż skrobia kukurydziana całkowicie się rozpuści. Wlej mieszaninę skrobi kukurydzianej do sosu, ciągle mieszając i gotuj przez 3 do 4 minut, aż sos stanie się wystarczająco gęsty, aby pokryć tył łyżki. Przykryć i odstawić.

c) Rozgrzej wok na średnim ogniu, aż kropla wody zacznie skwierczeć i odparuje w kontakcie. Wlej olej roślinny i zamieszaj, aby pokryć dno woka. Dodaj mieszankę jajeczną i gotuj, mieszając i potrząsając wokiem, aż dolna strona będzie złota. Zsuń omlet z patelni na talerz i odwróć wok lub przewróć szpatułką, aby usmażyć drugą stronę na złoty kolor. Zsuń omlet na półmisek i podawaj na ugotowanym ryżu z łyżką sosu.

55. Smażone Pomidorowe Jajko

SKŁADNIKI:
- 4 duże jajka w temperaturze pokojowej
- 1 łyżeczka wina ryżowego Shaoxing
- ½ łyżeczki oleju sezamowego
- ½ łyżeczki soli koszernej
- Świeżo mielony czarny pieprz
- 3 łyżki oleju roślinnego, podzielone
- 2 obrane plastry świeżego imbiru, każdy o wielkości ćwiartki
- 1-funtowe pomidory winogronowe lub czereśniowe
- 1 łyżeczka cukru
- Ugotowany ryż lub makaron do podania

INSTRUKCJE:

a) W dużej misce ubij jajka. Dodaj wino ryżowe, olej sezamowy, sól i szczyptę pieprzu i dalej ubijaj, aż składniki się połączą.

b) Rozgrzej wok na średnim ogniu, aż kropla wody zacznie skwierczeć i odparuje w kontakcie. Wlej 2 łyżki oleju roślinnego i zamieszaj, aby pokryć dno woka. Wlej mieszankę jajeczną do gorącego woka. Wiruj i potrząśnij jajkami, aby się ugotowały. Po ugotowaniu, ale nie wysuszeniu, przenieś jajka na talerz do serwowania. Namiot z folią utrzymującą ciepło.

c) Dodaj pozostałą 1 łyżkę oleju roślinnego do woka. Doprawiamy olej dodając imbir i szczyptę soli. Pozwól, aby imbir skwierczał w oleju przez około 30 sekund, delikatnie mieszając.

d) Wrzucić pomidory i cukier, mieszając, aby pokryły się olejem. Przykryj i gotuj przez około 5 minut, od czasu do czasu mieszając, aż pomidory będą miękkie i puszczą sok. Odrzuć plastry imbiru, a pomidory dopraw solą i pieprzem.

e) Ułóż pomidory na jajkach i podawaj z ugotowanym ryżem lub makaronem.

56. Krewetki I Jajecznica

SKŁADNIKI:

- 2 łyżki koszernej soli plus więcej do przyprawiania
- 2 łyżki cukru
- 2 szklanki zimnej wody
- Średnie krewetki 6 uncji (U41–50), obrane i pozbawione żyłek
- 4 duże jajka w temperaturze pokojowej
- ½ łyżeczki oleju sezamowego
- Świeżo mielony czarny pieprz
- 2 łyżki oleju roślinnego, podzielone
- 2 obrane plastry świeżego imbiru, każdy o wielkości ćwiartki
- 2 ząbki czosnku, cienko pokrojone
- 1 pęczek szczypiorku, pokrojonego na ½-calowe kawałki

INSTRUKCJE:

a) W dużej misce wymieszaj sól i cukier z wodą, aż się rozpuszczą. Dodaj krewetki do solanki. Przykryć i schłodzić przez 10 minut.

b) Odcedź krewetki na durszlaku i opłucz. Wylej solankę. Rozłóż krewetki na blasze wyłożonej ręcznikiem papierowym i osusz.

c) W innej dużej misce ubij jajka z olejem sezamowym i szczyptą soli i pieprzu, aż się połączą. Odłożyć na bok.

d) Rozgrzej wok na średnim ogniu, aż kropla wody zacznie skwierczeć i odparuje w kontakcie. Wlej 1 łyżkę oleju roślinnego i zamieszaj, aby pokryć dno woka. Doprawiamy olej dodając imbir i szczyptę soli. Pozwól, aby imbir skwierczał w oleju przez około 30 sekund, delikatnie mieszając.

e) Dodać czosnek i smażyć krótko, mieszając, aby posmakować oliwy, około 10 sekund. Nie pozwól, aby czosnek zbrązowiał lub spalił się. Dodać krewetki i smażyć mieszając przez około 2 minuty, aż zrobią się różowe. Przełóż na talerz i wyrzuć imbir.

f) Ponownie postaw wok na ogniu i dodaj pozostałą 1 łyżkę oleju roślinnego. Gdy olej się rozgrzeje, wlej mieszankę jajeczną do woka. Wiruj i potrząśnij jajkami, aby się ugotowały. Dodaj szczypiorek na patelnię i kontynuuj gotowanie, aż jajka się zetną, ale nie będą suche. Przełóż krewetki z powrotem na patelnię i wymieszaj. Przełożyć na talerz do serwowania.

57. Pikantny krem jajeczny na parze

SKŁADNIKI:
- 4 duże jajka w temperaturze pokojowej
- 1¾ szklanki bulionu z kurczaka o niskiej zawartości sodu lub przefiltrowanej wody
- 2 łyżeczki wina ryżowego Shaoxing
- ½ łyżeczki soli koszernej
- 2 szalotki, tylko zielona część, pokrojone w cienkie plasterki
- 4 łyżeczki oleju sezamowego

INSTRUKCJE:

a) W dużej misce ubij jajka. Dodaj bulion i wino ryżowe i wymieszaj, aby połączyć. Przecedź mieszaninę jaj przez sito o drobnych oczkach ustawione nad miarką do cieczy, aby usunąć pęcherzyki powietrza. Wlej mieszaninę jaj do 4 (6 uncji) kokilek. Za pomocą noża do obierania wybij wszelkie bąbelki na powierzchni mieszanki jaj. Kokilki przykryć folią aluminiową.

b) Opłucz bambusowy kosz do gotowania na parze i jego pokrywkę pod zimną wodą i umieść w woku. Wlej 2 cale wody lub do momentu, aż znajdzie się powyżej dolnej krawędzi naczynia do gotowania na parze o ¼ do ½ cala, ale nie na tyle, aby dotykała dna koszyka. Umieść kokilki w koszyku do gotowania na parze. Przykryć pokrywką.

c) Doprowadzić wodę do wrzenia, a następnie zmniejszyć ogień do małego wrzenia. Gotuj na małym ogniu przez około 10 minut lub do momentu, aż jajka się zetną.

d) Ostrożnie wyjmij kokilki z naczynia do gotowania na parze i udekoruj każdy krem szczypiorkiem i kilkoma kroplami oleju sezamowego. Natychmiast podawaj.

58. Chińskie skrzydełka z kurczaka smażone na wynos

SKŁADNIKI:
- 10 całych skrzydełek z kurczaka, umytych i osuszonych
- ⅛ łyżeczki czarnego pieprzu
- ¼ łyżeczki białego pieprzu
- ¼ łyżeczki czosnku w proszku
- 1 łyżeczka soli
- ½ łyżeczki cukru
- 1 łyżka sosu sojowego
- 1 łyżka wina Shaoxing
- 1 łyżeczka oleju sezamowego
- 1 jajko
- 1 łyżka skrobi kukurydzianej
- 2 łyżki mąki
- olej do smażenia

INSTRUKCJE:

a) Połącz wszystkie składniki (oczywiście z wyjątkiem oleju do smażenia) w dużej misce. Mieszaj wszystko, aż skrzydełka dobrze się pokryją.

b) Niech skrzydełka marynują się przez 2 godziny w temperaturze pokojowej lub w lodówce przez całą noc, aby uzyskać najlepsze rezultaty.

c) Po marynowaniu, jeśli wygląda na to, że w skrzydełkach jest płyn, pamiętaj, aby ponownie je dokładnie wymieszać. Skrzydełka powinny być dobrze pokryte cienką warstwą przypominającą ciasto. Jeśli nadal wygląda na zbyt wodniste, dodaj trochę więcej mąki kukurydzianej i mąki.

d) Napełnij średni garnek około ⅔ wysokości olejem i podgrzej go do 325 stopni F.

e) Smażyć skrzydełka w małych partiach przez 5 minut i wyjmować na blachę wyłożoną ręcznikami papierowymi. Po usmażeniu wszystkich skrzydełek przekładamy je partiami na olej i ponownie smażymy przez 3 minuty.

f) Osącz na ręcznikach papierowych lub stojaku do chłodzenia i podawaj z ostrym sosem!

59. Tajski kurczak z bazylią

SERWY 4
SKŁADNIKI:
- 3 do 4 łyżek oleju
- 3 tajskie papryczki chili Bird lub Holland
- 3 szalotki, cienko pokrojone
- 5 ząbków czosnku, pokrojonych
- 1 funt mielonego kurczaka
- 2 łyżeczki cukru lub miodu
- 2 łyżki sosu sojowego
- 1 łyżka sosu rybnego
- ⅓ szklanki bulionu z kurczaka lub wody o niskiej zawartości sodu
- 1 pęczek listków bazylii świętej lub tajskiej bazylii

INSTRUKCJE:

a) W woku na dużym ogniu dodaj olej, chilli, szalotki i czosnek i smaż przez 1-2 minuty.

b) Dodaj mielonego kurczaka i smaż przez 2 minuty, mieszając, dzieląc kurczaka na małe kawałki.

c) Dodaj cukier, sos sojowy i sos rybny. Smażymy jeszcze przez minutę i zalewamy patelnię bulionem. Ponieważ twoja patelnia jest mocno rozgrzana, płyn powinien bardzo szybko odparować.

d) Dodać bazylię, smażyć mieszając, aż zwiędnie.

e) Podawać na ryżu.

60. Duszony brzuch wieprzowy

SKŁADNIKI:
- 3/4 funta chudego boczku wieprzowego ze skórą
- 2 łyżki oleju
- 1 łyżka cukru (najlepiej cukier kamienny, jeśli go masz)
- 3 łyżki wina Shaoxing
- 1 łyżka zwykłego sosu sojowego
- ½ łyżki ciemnego sosu sojowego
- 2 szklanki wody

INSTRUKCJE:

a) Zacznij od pokrojenia boczku wieprzowego na kawałki o grubości ¾ cala.

b) Doprowadź garnek wody do wrzenia. Blanszować kawałki boczku wieprzowego przez kilka minut. Pozbywa się zanieczyszczeń i rozpoczyna proces gotowania. Wyjąć wieprzowinę z garnka, opłukać i odstawić.

c) Na małym ogniu dodaj do woka olej i cukier. Cukier lekko stopić i dodać mięso. Zwiększ ogień do średniego i smaż, aż wieprzowina się lekko zarumieni.

d) Zmniejsz ogień z powrotem do niskiego poziomu i dodaj wino do gotowania Shaoxing, zwykły sos sojowy, ciemny sos sojowy i wodę.

e) Przykryj i gotuj na wolnym ogniu przez około 45 minut do 1 godziny, aż wieprzowina będzie miękka. Co 5-10 minut mieszaj, aby zapobiec spaleniu i dodaj więcej wody, jeśli będzie zbyt suche.

f) Gdy wieprzowina będzie miękka na widelec, jeśli nadal jest dużo widocznego płynu, odkryj wok, zwiększ ogień i ciągle mieszaj, aż sos zredukuje się do błyszczącej powłoki.

61. Stir-Fry z pomidorów i wołowiny

SKŁADNIKI:
- ¾ funta flanki lub steku ze spódnicy, pokrojonego pod ziarno na plastry o grubości ¼ cala
- 1½ łyżki skrobi kukurydzianej, podzielone
- 1 łyżka wina ryżowego Shaoxing
- Sól koszerna
- Pieprz biały mielony
- 1 łyżka koncentratu pomidorowego
- 2 łyżki jasnego sosu sojowego
- 1 łyżeczka oleju sezamowego
- 1 łyżeczka cukru
- 2 łyżki wody
- 2 łyżki oleju roślinnego
- 4 obrane plastry świeżego imbiru, każdy o wielkości ćwiartki
- 1 duża szalotka, cienko pokrojona
- 2 ząbki czosnku, drobno posiekane
- 5 dużych pomidorów, każdy pokrojony na 6 klinów
- 2 szalotki, oddzielone białe i zielone części, cienko pokrojone

INSTRUKCJE:

a) W małej misce wymieszaj wołowinę z 1 łyżką skrobi kukurydzianej, winem ryżowym i małą szczyptą soli i białego pieprzu. Odstawić na 10 minut.

b) W innej małej misce wymieszaj pozostałe ½ łyżki skrobi kukurydzianej, pastę pomidorową, lekką soję, olej sezamowy, cukier i wodę. Odłożyć na bok.

c) Rozgrzej wok na średnim ogniu, aż kropla wody zacznie skwierczeć i odparuje w kontakcie. Wlej olej roślinny i zamieszaj, aby pokryć dno woka. Doprawiamy olej dodając imbir i szczyptę soli. Pozwól, aby imbir skwierczał w oleju przez około 30 sekund, delikatnie mieszając.

d) Przełożyć wołowinę do woka i smażyć mieszając przez 3 do 4 minut, aż przestanie być różowa. Dodać szalotkę i czosnek i smażyć mieszając przez 1 minutę. Dodać pomidory i cebulkę z białek i dalej smażyć.

e) Wmieszaj sos i kontynuuj smażenie mieszając przez 1 do 2 minut lub do momentu, aż wołowina i pomidory pokryją się sosem, a sos lekko zgęstnieje.

f) Odrzuć imbir, przełóż na talerz i udekoruj zieloną cebulką. Podawać na gorąco.

62. Wołowina i Brokuły

SKŁADNIKI:
- ¾ funta steku ze spódnicy, pokrojonego w poprzek włókien na plastry o grubości ¼ cala
- 1 łyżka sody oczyszczonej
- 1 łyżka skrobi kukurydzianej
- 4 łyżki wody, podzielone
- 2 łyżki sosu ostrygowego
- 2 łyżki wina ryżowego Shaoxing
- 2 łyżeczki jasnego brązowego cukru
- 1 łyżka sosu hoisin
- 2 łyżki oleju roślinnego
- 4 obrane świeże plastry imbiru, mniej więcej wielkości ćwiartki
- Sól koszerna
- 1-funtowy brokuł, pokrojony w różyczki wielkości kęsa
- 2 ząbki czosnku, drobno posiekane

INSTRUKCJE:

a) W małej misce wymieszaj wołowinę i sodę oczyszczoną do pokrycia. Odstawić na 10 minut. Bardzo dobrze opłucz wołowinę, a następnie osusz ją ręcznikiem papierowym.

b) W innej małej misce wymieszaj mąkę kukurydzianą z 2 łyżkami wody i wymieszaj z sosem ostrygowym, winem ryżowym, brązowym cukrem i sosem hoisin. Odłożyć na bok.

c) Rozgrzej wok na średnim ogniu, aż kropla wody zacznie skwierczeć i odparuje w kontakcie. Wlej olej i zamieszaj, aby pokryć dno woka. Doprawiamy olej dodając imbir i szczyptę soli. Pozwól, aby imbir skwierczał w oleju przez około 30 sekund, delikatnie mieszając. Dodaj wołowinę do woka i smaż mieszając przez 3 do 4 minut, aż przestanie być różowa. Wołowinę przełożyć do miski i odstawić.

d) Dodać brokuły i czosnek i smażyć mieszając przez 1 minutę, następnie dodać pozostałe 2 łyżki wody. Przykryj wok i gotuj brokuły na parze przez 6 do 8 minut, aż będą chrupiące.

e) Umieść wołowinę z powrotem w woku i mieszaj w sosie przez 2 do 3 minut, aż całkowicie się nim pokryje, a sos lekko zgęstnieje. Odrzuć imbir, przełóż na półmisek i podawaj na gorąco.

63. Smażona Wołowina z Czarnym Pieprzem

SKŁADNIKI:
- 1 łyżka sosu ostrygowego
- 1 łyżka wina ryżowego Shaoxing
- 2 łyżeczki skrobi kukurydzianej
- 2 łyżeczki jasnego sosu sojowego
- Pieprz biały mielony
- ¼ łyżeczki cukru
- ¾ funtowe końcówki polędwicy wołowej lub końcówki polędwicy, pokrojone na 1-calowe kawałki
- 3 łyżki oleju roślinnego
- 3 obrane plastry świeżego imbiru, każdy o wielkości ćwiartki
- Sól koszerna
- 1 zielona papryka, pokrojona w paski o szerokości ½ cala
- 1 mała czerwona cebula, cienko pokrojona w paski
- 1 łyżeczka świeżo zmielonego czarnego pieprzu lub więcej do smaku
- 2 łyżeczki oleju sezamowego

INSTRUKCJE:

a) W misce wymieszaj sos ostrygowy, wino ryżowe, skrobię kukurydzianą, lekką soję, szczyptę białego pieprzu i cukier. Wrzuć wołowinę do sierści i marynuj przez 10 minut.

b) Rozgrzej wok na średnim ogniu, aż kropla wody zacznie skwierczeć i odparuje w kontakcie. Wlej olej roślinny i zamieszaj, aby pokryć dno woka. Dodaj imbir i szczyptę soli. Pozwól, aby imbir skwierczał w oleju przez około 30 sekund, delikatnie mieszając.

c) Za pomocą szczypiec przenieś wołowinę do woka i odrzuć pozostałą marynatę. Smażyć na woku przez 1 do 2 minut lub do pojawienia się brązowej, przypieczonej skórki. Odwróć wołowinę i smaż po drugiej stronie, jeszcze 2 minuty. Smaż, mieszając i obracając w woku przez kolejne 1 do 2 minut, a następnie przenieś wołowinę do czystej miski.

d) Dodaj paprykę i cebulę i smaż mieszając przez 2 do 3 minut, aż warzywa będą błyszczące i miękkie. Włóż wołowinę z powrotem do woka, dodaj czarny pieprz i smaż razem jeszcze przez 1 minutę.

e) Odrzuć imbir, przełóż na talerz i skrop olejem sezamowym. Podawać na gorąco.

64. Sezamowa Wołowina

SKŁADNIKI:
- 1 łyżka jasnego sosu sojowego
- 2 łyżki oleju sezamowego, podzielone
- 2 łyżeczki skrobi kukurydzianej, podzielone
- 1-funtowy wieszak, spódnica lub stek z płaskiego żelaza, pokrojony w paski o grubości ¼ cala
- ½ szklanki świeżo wyciśniętego soku pomarańczowego
- ½ łyżeczki octu ryżowego
- 1 łyżeczka srirachy (opcjonalnie)
- 1 łyżeczka jasnego brązowego cukru
- Sól koszerna
- Świeżo mielony czarny pieprz
- 3 łyżki oleju roślinnego, podzielone
- 4 obrane plastry świeżego imbiru, każdy o wielkości ćwiartki
- 1 mała żółta cebula, cienko pokrojona
- 3 ząbki czosnku, posiekane
- ½ łyżki białego sezamu do dekoracji

INSTRUKCJE:

a) W dużej misce wymieszaj lekką soję, 1 łyżkę oleju sezamowego i 1 łyżeczkę skrobi kukurydzianej, aż skrobia kukurydziana się rozpuści. Dodać wołowinę i obtoczyć w marynacie. Odstaw do marynowania na 10 minut, podczas gdy będziesz przygotowywać sos.

b) W szklanej miarce wymieszaj sok pomarańczowy, pozostałą 1 łyżkę oleju sezamowego, ocet ryżowy, srirachę (jeśli używasz), brązowy cukier, pozostałą 1 łyżeczkę skrobi kukurydzianej i szczyptę soli i pieprzu. Mieszaj, aż skrobia kukurydziana się rozpuści i odstaw.

c) Rozgrzej wok na średnim ogniu, aż kropla wody zacznie skwierczeć i odparuje w kontakcie. Wlej 2 łyżki oleju roślinnego i zamieszaj, aby pokryć dno woka. Doprawiamy olej dodając imbir i szczyptę soli. Pozwól, aby imbir skwierczał w oleju przez około 30 sekund, delikatnie mieszając.

d) Za pomocą szczypiec przenieś wołowinę do woka i odrzuć marynatę. Niech kawałki smażą się w woku przez 2 do 3 minut. Odwróć, aby smażyć po drugiej stronie przez kolejne 1 do 2 minut.

Smażyć, szybko mieszając i obracając w woku jeszcze przez 1 minutę. Przełożyć do czystej miski.

e) Dodaj pozostałą 1 łyżkę oleju roślinnego i wrzuć cebulę. Szybko smaż, mieszając, podrzucając i obracając cebulę szpatułką do woka przez 2 do 3 minut, aż cebula będzie przezroczysta, ale nadal będzie miała jędrną konsystencję. Dodać czosnek i smażyć mieszając przez kolejne 30 sekund.

f) Wlać sos i gotować dalej, aż sos zacznie gęstnieć. Umieść wołowinę z powrotem w woku, mieszając i obracając, aby wołowina i cebula były pokryte sosem. Doprawić do smaku solą i pieprzem.

g) Przełożyć na talerz, wyrzucić imbir, posypać sezamem i podawać gorące.

65. mongolska wołowina

SKŁADNIKI:

- 2 łyżki wina ryżowego Shaoxing
- 1 łyżka ciemnego sosu sojowego
- 1 łyżka skrobi kukurydzianej, podzielona
- ¾ funtowy stek z flanki, pokrojony pod ziarno na plastry o grubości ¼ cala
- ¼ szklanki bulionu z kurczaka o niskiej zawartości sodu
- 1 łyżka jasnego brązowego cukru
- 1 szklanka oleju roślinnego
- 4 lub 5 całych suszonych czerwonych chińskich papryczek chili
- 4 ząbki czosnku, grubo posiekane
- 1 łyżeczka obranego drobno posiekanego świeżego imbiru
- ½ żółtej cebuli, cienko pokrojonej
- 2 łyżki grubo posiekanej świeżej kolendry

INSTRUKCJE:

a) W misce wymieszaj wino ryżowe, ciemną soję i 1 łyżkę skrobi kukurydzianej. Dodaj pokrojony w plasterki stek z flanki i wrzuć do płaszcza. Odstawić i marynować przez 10 minut.

b) Wlej olej do woka i podgrzej go do 375°F na średnim ogniu. Możesz stwierdzić, że olej ma odpowiednią temperaturę, gdy zanurzysz w nim koniec drewnianej łyżki. Jeśli olej bulgocze i skwierczy wokół niego, olej jest gotowy.

c) Wyjąć wołowinę z marynaty, zachowując marynatę. Dodaj wołowinę do oleju i smaż przez 2 do 3 minut, aż pojawi się złota skorupa. Za pomocą skimmera do woka przenieś wołowinę do czystej miski i odłóż na bok. Dodaj bulion z kurczaka i brązowy cukier do miski z marynatą i wymieszaj, aby połączyć.

d) Wylej z woka wszystko oprócz 1 łyżki oleju i postaw na średnim ogniu. Dodaj papryczki chilli, czosnek i imbir. Pozwól, aby aromaty skwierczały w oleju przez około 10 sekund, delikatnie mieszając.

e) Dodać cebulę i smażyć mieszając przez 1 do 2 minut, aż cebula będzie miękka i przezroczysta. Dodaj mieszankę bulionu z kurczaka i wymieszaj, aby połączyć. Gotuj na wolnym ogniu przez około 2 minuty, następnie dodaj wołowinę i mieszaj wszystko razem przez kolejne 30 sekund.

f) Przełożyć na talerz, udekorować kolendrą i podawać gorące.

66. Wołowina po syczuańsku z selerem i marchewką

SKŁADNIKI:
- 2 łyżki wina ryżowego Shaoxing
- 1 łyżka ciemnego sosu sojowego
- 2 łyżeczki oleju sezamowego
- ¾ funtowy stek z flanki lub spódnicy, pokrojony pod włos
- 1 łyżka sosu hoisin
- 2 łyżeczki jasnego sosu sojowego
- 2 łyżki skrobi kukurydzianej, podzielone
- ¼ łyżeczki chińskiej przyprawy pięciu przypraw
- 1 łyżeczka pieprzu syczuańskiego, zmiażdżonego
- 4 obrane plastry świeżego imbiru
- 3 ząbki czosnku, lekko rozgniecione
- 2 łodygi selera pokrojone w 3-calowe paski
- 1 duża marchewka, obrana i pokrojona w 3-calowe paski
- 2 szalotki, cienko pokrojone

INSTRUKCJE:

a) W misce wymieszaj wino ryżowe, ciemną soję i olej sezamowy.

b) Dodaj wołowinę i wymieszaj, aby połączyć. Odstawić na 10 minut.

c) W małej misce połącz sos hoisin, lekką soję sojową, wodę, 1 łyżkę skrobi kukurydzianej i pięć przypraw w proszku. Odłożyć na bok.

d) Rozgrzej wok na średnim ogniu, aż kropla wody zacznie skwierczeć i odparuje w kontakcie. Wlej olej roślinny i zamieszaj, aby pokryć dno woka. Doprawiamy olej dodając ziarna pieprzu, imbir i czosnek. Pozwól, aby aromaty skwierczały w oleju przez około 10 sekund, delikatnie mieszając.

e) Wrzuć wołowinę do pozostałej 1 łyżki skrobi kukurydzianej do pokrycia i dodaj do woka. Smaż wołowinę na boku woka przez 1 do 2 minut lub do momentu, aż pojawi się złocistobrązowa smażona skórka. Odwróć i smaż z drugiej strony przez kolejną minutę. Podrzucaj i obracaj jeszcze przez około 2 minuty, aż wołowina nie będzie już różowa.

f) Przesuń wołowinę na boki woka i dodaj seler i marchewkę na środek. Smaż, mieszając, podrzucając i przewracając, aż warzywa będą miękkie, kolejne 2 do 3 minut. Mieszamy sos hoisin i wlewamy do woka. Kontynuuj smażenie, polewając sosem wołowinę i warzywa przez 1 do 2 minut, aż sos zacznie gęstnieć i nabierze połysku. Usuń imbir i czosnek i wyrzuć.

67. Hoisin Sałata Wołowa Kubki

SKŁADNIKI:
- ¾ funta mielonej wołowiny
- 2 łyżeczki skrobi kukurydzianej
- Sól koszerna
- Świeżo mielony czarny pieprz
- 3 łyżki oleju roślinnego, podzielone
- 1 łyżka obranego drobno posiekanego imbiru
- 2 ząbki czosnku, drobno posiekane
- 1 marchewka, obrana i pokrojona w słupki
- 1 (4 uncje) puszka kasztanów wodnych pokrojonych w kostkę, odsączonych i wypłukanych
- 2 łyżki sosu hoisin
- 3 szalotki, oddzielone białe i zielone części, cienko pokrojone
- 8 szerokich liści sałaty lodowej (lub Bibb), przyciętych do zgrabnych okrągłych miseczek

INSTRUKCJE:

a) W misce posyp wołowinę mąką kukurydzianą i szczyptą soli i pieprzu. Dobrze wymieszaj, aby połączyć.

b) Podgrzej wok na średnim ogniu, aż woda zacznie skwierczeć i odparuje w kontakcie. Wlej 2 łyżki oleju i zamieszaj, aby pokryć dno woka. Dodaj wołowinę i zrumień z obu stron, a następnie podrzuć i przewróć, rozbijając wołowinę na kruszonkę i grudki przez 3 do 4 minut, aż wołowina nie będzie już różowa. Przełóż wołowinę do czystej miski i odłóż na bok.

c) Wytrzyj wok do czysta i ustaw go ponownie na średnim ogniu. Dodaj pozostałą 1 łyżkę oleju i szybko mieszając podsmaż imbir i czosnek ze szczyptą soli. Gdy tylko czosnek zacznie pachnieć, wrzuć marchewkę i kasztany wodne na 2 do 3 minut, aż marchewka zmięknie. Zmniejsz ogień do średniego, włóż wołowinę z powrotem do woka i wymieszaj z sosem hoisin i białkiem szalotki. Wrzuć do połączenia, około 45 sekund.

d) Rozłóż liście sałaty, po 2 na talerz i równomiernie podziel mieszankę wołowiny na liście sałaty. Udekoruj zieloną cebulką i jedz jak miękkie taco.

68. Smażone Kotlety Wieprzowe Z Cebulą

SKŁADNIKI:
- 4 kotlety schabowe bez kości
- 1 łyżka wina Shaoxing
- ½ łyżeczki świeżo zmielonego czarnego pieprzu
- Sól koszerna
- 3 szklanki oleju roślinnego
- 2 łyżki skrobi kukurydzianej
- 3 obrane plastry świeżego imbiru, każdy o wielkości ćwiartki
- 1 średnia żółta cebula, cienko pokrojona
- 2 ząbki czosnku, drobno posiekane
- 2 łyżki jasnego sosu sojowego
- 1 łyżeczka ciemnego sosu sojowego
- ½ łyżeczki octu z czerwonego wina
- Cukier

INSTRUKCJE:

a) Ubij kotlety wieprzowe tłuczkiem do mięsa, aż osiągną grubość ½ cala. Umieścić w misce i doprawić winem ryżowym, pieprzem i niewielką szczyptą soli. Marynować przez 10 minut.

b) Wlej olej do woka; olej powinien mieć około 1 do 1½ cala głębokości. Doprowadź olej do 375 ° F na średnim ogniu. Możesz stwierdzić, że olej ma odpowiednią temperaturę, gdy zanurzysz w nim koniec drewnianej łyżki. Jeśli olej bulgocze i skwierczy wokół niego, olej jest gotowy.

c) Pracując w 2 partiach, pokryj kotlety mąką kukurydzianą. Delikatnie zanurzaj je pojedynczo w oleju i smaż przez 5 do 6 minut, aż będą złociste. Przełożyć na talerz wyłożony ręcznikiem papierowym.

d) Wylej z woka wszystko oprócz 1 łyżki oleju i postaw na średnim ogniu. Doprawiamy olej dodając imbir i szczyptę soli. Pozwól, aby imbir skwierczał w oleju przez około 30 sekund, delikatnie mieszając.

e) Smaż cebulę przez około 4 minuty, aż będzie przezroczysta i miękka. Dodać czosnek i smażyć mieszając przez kolejne 30 sekund lub do momentu, aż zacznie pachnieć. Przełożyć na talerz z kotletami schabowymi.

f) Do woka wlej soję jasną, soję ciemną, ocet z czerwonego wina i szczyptę cukru i wymieszaj do połączenia. Doprowadzić do wrzenia i ponownie włożyć cebulę i kotlety wieprzowe do woka. Mieszamy, aby sos zaczął lekko gęstnieć. Usuń imbir i wyrzuć. Przełożyć na talerz i od razu podawać.

69. Wieprzowina Pięciu Przypraw z Bok Choy

SKŁADNIKI:

- 1 łyżka jasnego sosu sojowego
- 1 łyżka wina ryżowego Shaoxing
- 1 łyżeczka chińskiej przyprawy pięciu przypraw
- 1 łyżeczka skrobi kukurydzianej
- ½ łyżeczki jasnego brązowego cukru
- ¾ funta mielonej wieprzowiny
- 2 łyżki oleju roślinnego
- 2 ząbki czosnku, obrane i lekko rozgniecione
- Sól koszerna
- 2 do 3 główek bok choy, pokrojonych w poprzek na kawałki wielkości kęsa
- 1 marchewka, obrana i pokrojona w słupki
- Ugotowany ryż, do podania

INSTRUKCJE:

a) W misce wymieszaj lekką soję, wino ryżowe, pięć przypraw w proszku, skrobię kukurydzianą i brązowy cukier. Dodać wieprzowinę i delikatnie wymieszać do połączenia. Odstawić do marynowania na 10 minut.

b) Rozgrzej wok na średnim ogniu, aż kropla wody zacznie skwierczeć i odparuje w kontakcie. Wlej olej i zamieszaj, aby pokryć dno woka. Doprawiamy olej dodając czosnek i szczyptę soli. Pozwól czosnkowi skwierczeć w oleju przez około 10 sekund, delikatnie mieszając.

c) Dodaj wieprzowinę do woka i pozostaw do smażenia na ściankach woka przez 1 do 2 minut lub do momentu powstania złotej skórki. Odwróć i smaż z drugiej strony jeszcze przez minutę. Wrzuć i przewróć, aby smażyć wieprzowinę jeszcze przez 1 do 2 minut, rozbijając ją na kruszonkę i grudki, aż przestanie być różowa.

d) Dodaj bok choy i marchewkę, wymieszaj i odwróć, aby połączyć z wieprzowiną. Smażyć mieszając przez 2 do 3 minut, aż marchewka i bok choy będą miękkie. Przełożyć na talerz i podawać gorące z ugotowanym na sypko ryżem.

70. Smażona Wieprzowina Hoisin

SKŁADNIKI:

- 2 łyżeczki wina ryżowego Shaoxing
- 2 łyżeczki jasnego sosu sojowego
- ½ łyżeczki pasty chili
- ¾ funta schabu wieprzowego bez kości, cienko pokrojonego w paski julienne
- 2 łyżki oleju roślinnego
- 4 obrane plastry świeżego imbiru, każdy o wielkości ćwiartki
- Sól koszerna
- 4 uncje groszku śnieżnego, cienko pokrojonego po przekątnej
- 2 łyżki sosu hoisin
- 1 łyżka wody

INSTRUKCJE:

a) W misce wymieszaj wino ryżowe, lekką soję i pastę chili. Dodaj wieprzowinę i wrzuć do sierści. Odstawić do marynowania na 10 minut.

b) Rozgrzej wok na średnim ogniu, aż kropla wody zacznie skwierczeć i odparuje w kontakcie. Wlej olej i zamieszaj, aby pokryć dno woka. Doprawiamy olej dodając imbir i szczyptę soli. Pozwól, aby imbir skwierczał w oleju przez około 30 sekund, delikatnie mieszając.

c) Dodaj wieprzowinę i marynatę i smaż mieszając przez 2 do 3 minut, aż przestanie być różowa. Dodać groszek śnieżny i smażyć mieszając przez około 1 minutę, aż będzie miękki i przezroczysty. Wymieszaj sos hoisin i wodę, aby rozluźnić sos. Kontynuuj podrzucanie i obracanie przez 30 sekund lub do momentu, aż sos się podgrzeje, a wieprzowina i groszek śnieżny zostaną pokryte.

d) Przełożyć na talerz i podawać gorące.

71. Dwukrotnie Gotowany Boczek Wieprzowy

SKŁADNIKI:

- 1-funtowy boczek wieprzowy bez kości
- ⅓ szklanki sosu z czarnej fasoli lub kupionego w sklepie sosu z czarnej fasoli
- 1 łyżka wina ryżowego Shaoxing
- 1 łyżeczka ciemnego sosu sojowego
- ½ łyżeczki cukru
- 2 łyżki oleju roślinnego, podzielone
- 4 obrane plastry świeżego imbiru
- Sól koszerna
- 1 por, przekrojony wzdłuż na pół i przekrojony po przekątnej
- ½ czerwonej papryki, pokrojonej w plasterki

INSTRUKCJE:

a) W dużym rondlu umieść wieprzowinę i zalej wodą. Doprowadzić patelnię do wrzenia, a następnie zredukować do wrzenia. Gotuj bez przykrycia przez 30 minut lub do momentu, aż wieprzowina będzie miękka i ugotowana. Za pomocą łyżki cedzakowej przełożyć wieprzowinę do miski (odlać płyn z gotowania) i pozostawić do ostygnięcia.

b) Przechowywać w lodówce przez kilka godzin lub całą noc. Gdy wieprzowina ostygnie, pokrój cienko w plastry o grubości ¼ cala i odłóż na bok. Pozostawienie wieprzowiny do całkowitego ostygnięcia przed krojeniem ułatwi cienkie plasterki.

c) W szklanej miarce wymieszaj sos z czarnej fasoli, wino ryżowe, ciemną soję i cukier i odłóż na bok.

d) Rozgrzej wok na średnim ogniu, aż kropla wody zacznie skwierczeć i odparuje w kontakcie. Wlej 1 łyżkę oleju i zamieszaj, aby pokryć dno woka. Doprawiamy olej dodając imbir i szczyptę soli. Pozwól, aby imbir skwierczał w oleju przez około 30 sekund, delikatnie mieszając.

e) Pracując partiami, przełóż połowę wieprzowiny do woka. Niech kawałki smażą się w woku przez 2 do 3 minut. Odwróć, aby smażyć po drugiej stronie przez kolejne 1 do 2 minut, aż wieprzowina zacznie się zwijać. Przełożyć do czystej miski. Powtórz z pozostałą wieprzowiną.

f) Dodaj pozostałą 1 łyżkę oleju. Dodać pora i czerwoną paprykę i smażyć mieszając przez 1 minutę, aż por będzie miękki. Wlać sos i smażyć mieszając, aż zacznie pachnieć. Ponownie włóż wieprzowinę na patelnię i kontynuuj smażenie, mieszając, jeszcze przez 2 do 3 minut, aż wszystko się ugotuje. Odrzuć plastry imbiru i przełóż na półmisek.

72. Mu Shu Wieprzowina Z Naleśnikami Z Patelni

SKŁADNIKI:
Na naleśniki
- 1¾ szklanki mąki uniwersalnej
- ¾ szklanki wrzącej wody
- Sól koszerna
- 3 łyżki oleju sezamowego

Do wieprzowiny mu Shu
- 2 łyżki jasnego sosu sojowego
- 1 łyżeczka skrobi kukurydzianej
- 1 łyżeczka wina ryżowego Shaoxing
- Pieprz biały mielony
- ¾ funta schabu wieprzowego bez kości, pokrojonego w plastry
- 3 łyżki oleju roślinnego
- 2 łyżeczki obranego drobno posiekanego świeżego imbiru
- 1 duża marchewka, obrana i pokrojona w cienkie paski na 3-calowe kawałki
- 6 do 8 świeżych grzybów leśnych, pokrojonych w paski julienne
- ½ małej główki zielonej kapusty, poszatkowanej
- 2 scallions, pokrojone na ½ cala długości
- 1 (4 uncje) puszka pokrojonych pędów bambusa, odsączonych i pokrojonych w julienne
- ¼ szklanki sosu śliwkowego do podania

INSTRUKCJE:
Do robienia naleśników

a) W dużej misce za pomocą drewnianej łyżki wymieszaj mąkę, wrzącą wodę i szczyptę soli. Całość mieszamy, aż powstanie puszyste ciasto. Przenieś ciasto na oprószoną mąką deskę do krojenia i wyrabiaj ręcznie przez około 4 minuty lub do uzyskania gładkiej konsystencji. Ciasto będzie gorące, więc noś rękawiczki jednorazowe, aby chronić ręce. Włóż ciasto z powrotem do miski i przykryj folią spożywczą. Pozwól odpocząć przez 30 minut.

b) Uformuj z ciasta wałek o długości 12 cali, wałkując go rękami. Pokrój kłodę na 12 równych części, zachowując okrągły kształt, aby utworzyć medaliony. Spłaszcz medaliony dłońmi i posmaruj wierzch olejem sezamowym. Ściśnij naoliwione boki razem, aby utworzyć 6 stosów podwójnych kawałków ciasta.

c) Zroluj każdy stos w jeden cienki, okrągły arkusz o średnicy od 7 do 8 cali. Najlepiej przewracać naleśnik podczas toczenia, aby uzyskać równą grubość po obu stronach.

d) Rozgrzej żeliwną patelnię na średnim ogniu i smaż naleśniki jeden po drugim przez około 1 minutę z pierwszej strony, aż zrobią się lekko przezroczyste i zaczną pojawiać się pęcherze. Odwróć, aby ugotować drugą stronę, kolejne 30 sekund. Przenieś naleśnik na talerz wyłożony ręcznikiem kuchennym i ostrożnie rozsuń dwa naleśniki.

Aby zrobić wieprzowinę mu Shu

e) W misce wymieszaj soję light, skrobię kukurydzianą, wino ryżowe i szczyptę białego pieprzu. Dodaj pokrojoną w plastry wieprzowinę i wrzuć do płaszcza i marynuj przez 10 minut.

f) Rozgrzej wok na średnim ogniu, aż kropla wody zacznie skwierczeć i odparuje w kontakcie. Wlej olej roślinny i zamieszaj, aby pokryć dno woka. Doprawiamy olej dodając imbir i szczyptę soli. Pozwól, aby imbir skwierczał w oleju przez około 10 sekund, delikatnie mieszając.

g) Dodaj wieprzowinę i smaż przez 1 do 2 minut, aż przestanie być różowa. Dodać marchewkę i grzyby i smażyć mieszając jeszcze przez 2 minuty, aż marchewka będzie miękka. Dodaj kapustę, szalotkę i pędy bambusa i smaż przez kolejną minutę lub do momentu, aż się rozgrzeją. Przełożyć do miski i podawać, nakładając farsz wieprzowy na środek naleśnika i polać sosem śliwkowym.

73. Żeberka wieprzowe z sosem z czarnej fasoli

SKŁADNIKI:

- 1-funtowe żeberka wieprzowe, pokrojone poprzecznie w paski o szerokości 1½ cala
- ¼ łyżeczki mielonego białego pieprzu
- 2 łyżki sosu z czarnej fasoli lub kupionego w sklepie sosu z czarnej fasoli
- 1 łyżka wina ryżowego Shaoxing
- 1 łyżka oleju roślinnego
- 2 łyżeczki skrobi kukurydzianej
- ½-calowy kawałek świeżego imbiru, obrany i drobno posiekany
- 2 ząbki czosnku, drobno posiekane
- 1 łyżeczka oleju sezamowego
- 2 szalotki, cienko pokrojone

INSTRUKCJE:

a) Pokrój między żeberkami, aby podzielić je na żeberka wielkości kęsa. W płytkiej, żaroodpornej misce połącz żeberka z białym pieprzem. Dodaj sos z czarnej fasoli, wino ryżowe, olej roślinny, skrobię kukurydzianą, imbir i czosnek i wymieszaj, aby wszystkie żeberka były pokryte. Marynować przez 10 minut.

b) Opłucz bambusowy kosz do gotowania na parze i jego pokrywkę pod zimną wodą i umieść w woku. Wlej 2 cale wody lub do momentu, aż znajdzie się powyżej dolnej krawędzi naczynia do gotowania na parze o około ¼ do ½ cala, ale nie na tyle, aby dotykała dna koszyka. Umieść miskę z żeberkami w koszyku do gotowania na parze i przykryj.

c) Zwiększ ciepło, aby zagotować wodę, a następnie zmniejsz ciepło do średniego. Gotuj na parze na średnim ogniu przez 20 do 22 minut lub do momentu, aż żeberka przestaną być różowe. Może być konieczne uzupełnienie wody, więc sprawdzaj, czy w woku nie wygotowała się do sucha.

d) Ostrożnie wyjmij miskę z kosza do gotowania na parze. Skrop żeberka olejem sezamowym i udekoruj szalotką. Natychmiast podawaj.

74. Smażona jagnięcina po mongolsku

SKŁADNIKI:

- 2 łyżki wina ryżowego Shaoxing
- 1 łyżka ciemnego sosu sojowego
- 3 ząbki czosnku, posiekane
- 2 łyżeczki skrobi kukurydzianej
- 1 łyżeczka oleju sezamowego
- 1-funtowy udziec jagnięcy bez kości, pokrojony w plastry o grubości ¼ cala
- 3 łyżki oleju roślinnego, podzielone
- 4 obrane plastry świeżego imbiru, każdy o wielkości ćwiartki
- 2 całe suszone czerwone papryczki chili (opcjonalnie)
- Sól koszerna
- 4 scallions, pokrojone na 3-calowe kawałki, a następnie cienko pokrojone wzdłuż

INSTRUKCJE:

a) W dużej misce wymieszaj wino ryżowe, ciemną soję, czosnek, skrobię kukurydzianą i olej sezamowy. Dodaj jagnięcinę do marynaty i wymieszaj. Marynować przez 10 minut.

b) Rozgrzej wok na średnim ogniu, aż kropla wody zacznie skwierczeć i odparuje w kontakcie. Wlej 2 łyżki oleju roślinnego i zamieszaj, aby pokryć dno woka. Dopraw olej, dodając imbir, chilli (jeśli używasz) i szczyptę soli. Pozwól, aby aromaty skwierczały w oleju przez około 30 sekund, delikatnie mieszając.

c) Za pomocą szczypiec wyjmij połowę jagnięciny z marynaty, lekko potrząsając, aby nadmiar spłynął. Zarezerwuj marynatę. Smaż w woku przez 2 do 3 minut. Odwróć, aby smażyć po drugiej stronie przez kolejne 1 do 2 minut. Smażyć, szybko mieszając i obracając w woku jeszcze przez 1 minutę. Przełożyć do czystej miski. Dodaj pozostałą 1 łyżkę oleju roślinnego i powtórz z pozostałą jagnięciną.

d) Umieść całą jagnięcinę i zachowaną marynatę z powrotem w woku i wrzuć dymkę. Smażyć jeszcze przez 1 minutę lub do momentu, aż jagnięcina będzie gotowa, a marynata zmieni się w lśniący sos.

e) Przełożyć na półmisek, odrzucić imbir i podawać gorące.

75. Jagnięcina Przyprawiona Kminkiem

SKŁADNIKI:
- ¾ funta udźca jagnięcego bez kości, pokrojonego na 1-calowe kawałki
- 1 łyżka jasnego sosu sojowego
- 1 łyżka wina ryżowego Shaoxing
- Sól koszerna
- 2 łyżki mielonego kminku
- 1 łyżeczka pieprzu syczuańskiego, zmiażdżonego
- ½ łyżeczki cukru
- 3 łyżki oleju roślinnego, podzielone
- 4 obrane plastry świeżego imbiru, każdy o wielkości ćwiartki
- 2 łyżki skrobi kukurydzianej
- ½ żółtej cebuli, pokrojonej wzdłuż w paski
- 6 do 8 całych suszonych chińskich papryczek chili (opcjonalnie)
- 4 ząbki czosnku, cienko pokrojone
- ½ pęczka świeżej kolendry, grubo posiekanej

INSTRUKCJE:

a) W misce wymieszaj jagnięcinę, lekką soję, wino ryżowe i niewielką szczyptę soli. Wrzucić do płaszcza i marynować przez 15 minut lub przez noc w lodówce.

b) W innej misce wymieszaj kminek, ziarna pieprzu syczuańskiego i cukier. Odłożyć na bok.

c) Rozgrzej wok na średnim ogniu, aż kropla wody zacznie skwierczeć i odparuje w kontakcie. Wlej 2 łyżki oleju i zamieszaj, aby pokryć dno woka. Doprawiamy olej dodając imbir i szczyptę soli. Pozwól, aby imbir skwierczał w oleju przez około 30 sekund, delikatnie mieszając.

d) Wrzuć kawałki jagnięciny ze skrobią kukurydzianą i dodaj do gorącego woka. Smaż jagnięcinę przez 2 do 3 minut z każdej strony, a następnie smaż jeszcze przez 1 lub 2 minuty, mieszając, obracając wok. Przełóż jagnięcinę do czystej miski i odłóż na bok.

e) Dodaj pozostałą 1 łyżkę oleju i zamieszaj, aby pokryć wok. Wrzuć cebulę i papryczki chili (jeśli używasz) i smaż mieszając przez 3 do 4 minut lub do momentu, aż cebula zacznie wyglądać na błyszczącą, ale nie wiotką. Lekko dopraw niewielką szczyptą soli. Wrzucić mieszankę czosnku i przypraw i smażyć jeszcze przez minutę, mieszając.

f) Umieść jagnięcinę z powrotem w woku i mieszaj jeszcze przez 1 do 2 minut. Przełożyć na talerz, odrzucić imbir i udekorować kolendrą.

76. Jagnięcina Z Imbirem I Porem

SKŁADNIKI:
- ¾ funta udziec jagnięcy bez kości, pokrojony na 3 kawałki, a następnie cienko pokrojony w poprzek włókien
- Sól koszerna
- 2 łyżki wina ryżowego Shaoxing
- 1 łyżka ciemnego sosu sojowego
- 1 łyżka jasnego sosu sojowego
- 1 łyżeczka sosu ostrygowego
- 1 łyżeczka miodu
- 1 do 2 łyżeczek oleju sezamowego
- ½ łyżeczki mielonych ziaren pieprzu syczuańskiego
- 2 łyżeczki skrobi kukurydzianej
- 2 łyżki oleju roślinnego
- 1 łyżka obranego i drobno posiekanego świeżego imbiru
- 2 pory, przycięte i pokrojone w cienkie plasterki
- 4 ząbki czosnku, drobno posiekane

INSTRUKCJE:

a) W misce lekko dopraw jagnięcinę 1 do 2 szczyptami soli. Wrzucić do sierści i odstawić na 10 minut. W małej misce wymieszaj wino ryżowe, ciemną soję, jasną soję, sos ostrygowy, miód, olej sezamowy, pieprz syczuański i skrobię kukurydzianą. Odłożyć na bok.

b) Rozgrzej wok na średnim ogniu, aż kropla wody zacznie skwierczeć i odparuje w kontakcie. Wlej olej roślinny i zamieszaj, aby pokryć dno woka. Doprawiamy olej dodając imbir i szczyptę soli. Pozwól, aby imbir skwierczał w oleju przez około 10 sekund, delikatnie mieszając.

c) Dodaj jagnięcinę i smaż przez 1 do 2 minut, a następnie zacznij smażyć mieszając, podrzucając i przewracając przez kolejne 2 minuty lub do momentu, aż przestanie być różowa. Przełożyć do czystej miski i odstawić.

d) Dodaj pory i czosnek i smaż przez 1 do 2 minut, aż pory będą jasnozielone i miękkie. Przełożyć do miski z jagnięciną.

e) Wlać mieszaninę sosu i gotować na wolnym ogniu przez 3 do 4 minut, aż sos zredukuje się o połowę i stanie się błyszczący. Umieść jagnięcinę i warzywa z powrotem w woku i wymieszaj z sosem.

f) Przełożyć na talerz i podawać gorące.

77. Tajska wołowina z bazylią

SKŁADNIKI:
- 2 łyżki oleju
- 12 uncji wołowiny, cienko pokrojonej na ziarno
- 5 ząbków czosnku, posiekanych
- ½ czerwonej papryki, pokrojonej w cienkie plasterki
- 1 mała cebula, cienko pokrojona
- 2 łyżeczki sosu sojowego
- 1 łyżeczka ciemnego sosu sojowego
- 1 łyżeczka sosu ostrygowego
- 1 łyżka sosu rybnego
- ½ łyżeczki cukru
- 1 szklanka liści tajskiej bazylii, zapakowana
- Kolendra, do dekoracji

INSTRUKCJE:
a) Rozgrzej wok na dużym ogniu i dodaj olej. Smaż wołowinę, aż się tylko zrumieni. Zdjąć z woka i odstawić.

b) Dodaj czosnek i czerwoną paprykę do woka i smaż przez około 20 sekund.

c) Dodać cebulę i smażyć mieszając, aż się zarumieni i lekko skarmelizuje.

d) Wrzuć z powrotem wołowinę wraz z sosem sojowym, ciemnym sosem sojowym, sosem ostrygowym, sosem rybnym i cukrem.

e) Smaż przez kolejne kilka sekund, a następnie dodaj tajską bazylię, aż zwiędnie.

f) Podawać z ryżem jaśminowym i udekorować kolendrą.

78. Chińska wieprzowina z grilla

SERWIS 8

SKŁADNIKI:
- 3 funty (1,4 kg) łopatki wieprzowej / tyłka wieprzowego (wybierz kawałek z odrobiną dobrego tłuszczu)
- ¼ szklanki (50 g) cukru
- 2 łyżeczki soli
- ½ łyżeczki proszku pięciu przypraw
- ¼ łyżeczki białego pieprzu
- ½ łyżeczki oleju sezamowego
- 1 łyżka wina Shaoxing lub
- Chińskie wino śliwkowe
- 1 łyżka sosu sojowego
- 1 łyżka sosu hoisin
- 2 łyżeczki melasy
- 3 ząbki drobno posiekanego czosnku
- 2 łyżki maltozy lub miodu
- 1 łyżka gorącej wody

INSTRUKCJE:

a) Pokrój wieprzowinę w długie paski lub kawałki o grubości około 3 cali. Nie przycinaj nadmiaru tłuszczu, ponieważ wytopi się i doda smaku.

b) Połącz cukier, sól, pięć przypraw w proszku, biały pieprz, olej sezamowy, wino, sos sojowy, sos hoisin, melasę, barwnik spożywczy (jeśli używasz) i czosnek w misce, aby przygotować marynatę.

c) Zachowaj około 2 łyżek marynaty i odstaw na bok. Natrzyj wieprzowinę resztą marynaty w dużej misce lub naczyniu do pieczenia. Przykryj i wstaw do lodówki na noc lub co najmniej 8 godzin. Przykryj i przechowuj zarezerwowaną marynatę również w lodówce.

d) Rozgrzej piekarnik do najwyższego ustawienia (475-550 stopni F lub 250-290 stopni C) ze stojakiem umieszczonym w górnej jednej trzeciej piekarnika. Wyłóż blachę folią i umieść na niej metalową podstawkę. Umieść wieprzowinę na ruszcie, pozostawiając jak najwięcej miejsca między kawałkami. Wlej 1 ½ szklanki wody do garnka pod rusztem. Zapobiega to przypalaniu się lub dymieniu kapiącej wody.

e) Przenieś wieprzowinę do nagrzanego piekarnika i piecz przez 25 minut. Po 25 minutach odwróć wieprzowinę. Jeśli dno garnka jest suche, dodaj kolejną szklankę wody. Obróć patelnię o 180 stopni, aby zapewnić równomierne pieczenie. Piecz kolejne 15 minut.

f) W międzyczasie połącz zarezerwowaną marynatę z maltozą lub miodem i 1 łyżką gorącej wody.

g) Po 40 minutach polej wieprzowinę, odwróć ją i polej również drugą stronę. Piec przez ostatnie 10 minut.

h) Po 50 minutach wieprzowina powinna być ugotowana i skarmelizowana na wierzchu. Jeśli nie jest karmelizowany zgodnie z twoimi upodobaniami, możesz włączyć brojler na kilka minut, aby uzyskać chrupkość na zewnątrz i dodać trochę koloru/smaku.

79. Bułeczki wieprzowe BBQ na parze

NA 10 BUŁEK

SKŁADNIKI:

Na ciasto na bułkę gotowaną na parze:
- 1 łyżeczka aktywnych suchych drożdży
- ¾ szklanki ciepłej wody
- 2 filiżanki mąki uniwersalnej
- 1 szklanka skrobi kukurydzianej
- 5 łyżek cukru
- ¼ szklanki rzepaku lub oleju roślinnego
- 2½ łyżeczki proszku do pieczenia

Do nadzienia:
- 1 łyżka oleju
- ⅓ szklanki drobno posiekanej szalotki lub czerwonej cebuli
- 1 łyżka cukru
- 1 łyżka jasnego sosu sojowego
- 1½ łyżki sosu ostrygowego
- 2 łyżeczki oleju sezamowego
- 2 łyżeczki ciemnego sosu sojowego
- ½ szklanki bulionu z kurczaka
- 2 łyżki mąki uniwersalnej
- 1½ szklanki pokrojonej w kostkę chińskiej pieczeni wieprzowej

INSTRUKCJE:

a) W misie miksera wyposażonego w hak do ciasta (można też użyć zwykłej miski i wyrabiać ręcznie) rozpuścić 1 łyżeczkę aktywnych suchych drożdży w ¾ szklanki ciepłej wody. Przesiej mąkę i skrobię kukurydzianą i dodaj do mieszanki drożdżowej razem z cukrem i olejem.

b) Włącz mikser na najniższe ustawienie i pozwól mu pracować, aż utworzy się gładka kula ciasta. Przykryć wilgotną ściereczką i odstawić na 2 godziny. (Proszek do pieczenia dodasz później!)

c) Gdy ciasto odpoczywa, przygotuj nadzienie mięsne. Rozgrzej 1 łyżkę oleju w woku na średnim ogniu. Dodać szalotki/cebule i smażyć mieszając przez 1 minutę. Zmniejsz ogień do średnio-niskiego i dodaj cukier, jasny sos sojowy, sos ostrygowy, olej sezamowy i ciemny sos sojowy. Mieszaj i gotuj, aż mieszanina zacznie bulgotać. Dodaj bulion z kurczaka i mąkę, gotuj przez 3 minuty, aż zgęstnieje. Zdjąć z ognia i wymieszać z pieczoną wieprzowiną. Odstawić do ostygnięcia. Jeśli robisz nadzienie z wyprzedzeniem, przykryj i wstaw do lodówki, aby zapobiec wyschnięciu.

d) Gdy ciasto odpocznie przez 2 godziny, dodaj do niego proszek do pieczenia i ustaw mikser na najniższe obroty. W tym momencie, jeśli ciasto wygląda na suche lub masz problem z dodaniem proszku do pieczenia, dodaj 1-2 łyżeczki wody. Delikatnie zagniataj ciasto, aż znów stanie się gładkie. Przykryć wilgotną ściereczką i odstawić na kolejne 15 minut. W międzyczasie weź duży kawałek pergaminu i pokrój go na dziesięć kwadratów o wymiarach 4 x 4 cale. Przygotuj parowar, doprowadzając wodę do wrzenia.

e) Teraz jesteśmy gotowi do złożenia bułek: zwiń ciasto w długą rurkę i podziel na 10 równych części. Wciśnij każdy kawałek ciasta w dysk o średnicy około 4½ cala (powinien być grubszy w środku i cieńszy na brzegach). Dodaj trochę nadzienia i zawiń bułeczki, aż zamkną się na wierzchu.

f) Umieść każdą bułkę na kwadratowym papierze pergaminowym i gotuj na parze. Bułki gotowałam na parze w dwóch oddzielnych partiach, używając bambusowego parownika.

g) Gdy woda się zagotuje, umieść bułki w parowarze i gotuj każdą porcję na parze przez 12 minut na dużym ogniu.

80. Boczek wieprzowy po kantońsku

PORCJI 6-8

SKŁADNIKI:

- 3-kilogramowy kawałek boczku wieprzowego ze skórą
- 2 łyżeczki wina Shaoxing
- 2 łyżeczki soli
- 1 łyżeczka cukru
- ½ łyżeczki proszku pięciu przypraw
- ¼ łyżeczki białego pieprzu
- 1½ łyżeczki octu z wina ryżowego
- ½ szklanki gruboziarnistej soli morskiej

INSTRUKCJE:

a) Opłucz boczek wieprzowy i osusz. Połóż na tacy skórą do dołu i wetrzyj wino Shaoxing w mięso (nie w skórę). Wymieszaj sól, cukier,

b) pięć przypraw w proszku i biały pieprz. Dokładnie wetrzyj tę mieszankę przyprawową również w mięso. Odwróć mięso tak, aby było skórą do góry.

c) Tak więc, aby wykonać następny krok, istnieje specjalne narzędzie używane w restauracjach, ale użyliśmy tylko ostrego metalowego szpikulca. Systematycznie wykonuj dziury w całej skórze, co pomoże jej uzyskać chrupkość, zamiast pozostać gładką i skórzastą. Im więcej dziur, tym lepiej. Upewnij się również, że wchodzą wystarczająco głęboko. Zatrzymaj się tuż nad warstwą tłuszczu pod spodem.

d) Pozostaw boczek wieprzowy do wyschnięcia w lodówce bez przykrycia na 12-24 godziny.

e) Rozgrzej piekarnik do 375 stopni F. Umieść duży kawałek folii aluminiowej (najlepiej folia o dużej wytrzymałości) na blasze do pieczenia i zawiń dokładnie boki wokół wieprzowiny, tak aby wokół niej powstało coś w rodzaju pudełka, z obramowaniem o wysokości 1 cala biegnącym po bokach.

f) Posmaruj ocet z wina ryżowego na wierzchu skóry wieprzowej. Zapakuj sól morską w jedną równą warstwę na skórze, aby wieprzowina była całkowicie pokryta. Wstaw do piekarnika i piecz przez 1 godzinę i 30 minut. Jeśli boczek wieprzowy nadal ma przyczepione żeberka, piecz przez 1 godzinę i 45 minut.

g) Wyjmij wieprzowinę z piekarnika, ustaw brojler na niski poziom i ustaw ruszt piekarnika w najniższej pozycji. Usuń górną warstwę soli morskiej z boczku wieprzowego, rozłóż folię i umieść ruszt na patelni. Umieść boczek wieprzowy na ruszcie i umieść go z powrotem pod brojlerem, aby był chrupiący. Powinno to zająć 10-15 minut.

h) Kiedy skórka napęcznieje i stanie się chrupiąca, wyjąć z piekarnika. Pozwól mu odpocząć przez około 15 minut. Kroić i podawać!

81. Zupa kokosowa z makaronem curry

SKŁADNIKI:
- 2 łyżki oleju
- 3 ząbki czosnku, posiekane
- 1 łyżka świeżego imbiru, startego
- 3 łyżki tajskiej czerwonej pasty curry
- 8 uncji piersi lub udek z kurczaka bez kości, pokrojone w plastry
- 4 szklanki bulionu z kurczaka
- 1 szklanka wody
- 2 łyżki sosu rybnego
- ⅔ szklanki mleka kokosowego
- 6 uncji suszonego makaronu ryżowego wermiszel
- 1 limonka, sok

INSTRUKCJE:

a) Pokrojona czerwona cebula, czerwone chili, kolendra, szalotki do dekoracji

b) W dużym garnku na średnim ogniu dodaj olej, czosnek, imbir i tajską czerwoną pastę curry. Smaż przez 5 minut, aż zacznie pachnieć.

c) Dodaj kurczaka i gotuj przez kilka minut, aż kurczak stanie się nieprzejrzysty.

d) Dodaj bulion z kurczaka, wodę, sos rybny i mleko kokosowe. Doprowadzić do wrzenia.

e) W tym momencie posmakuj bulionu pod kątem soli i odpowiednio dopraw.

f) Wlej wrzącą zupę na suszony makaron vermicelli w miseczkach, dodaj sok z limonki i dodatki i podawaj. Makaron będzie gotowy do spożycia po kilku minutach.

82. Pikantna zupa z makaronem wołowym

SKŁADNIKI:

- 16 szklanek zimnej wody
- 6 plasterków imbiru
- 3 szalotki, umyte i przekrojone na pół
- ¼ szklanki wina Shaoxing
- 3 funty schab wołowy, pokrojony w 1½-calowe kawałki
- 3 łyżki oleju
- 1 do 2 łyżek pieprzu syczuańskiego
- 2 główki czosnku, obrane
- 1 duża cebula, pokrojona w plasterki
- 5-gwiazdkowy anyż
- 4 liście laurowe
- ¼ szklanki pikantnej pasty z fasoli
- 1 duży pomidor, pokrojony na małe kawałki
- ½ szklanki jasnego sosu sojowego
- 1 łyżka cukru
- 1 duży kawałek suszonej skórki mandarynki
- świeży lub suszony makaron pszenny do wyboru
- Posiekana szalotka i kolendra do dekoracji

INSTRUKCJE:

a) Rozgrzej olej w innym garnku lub dużym woku na średnim ogniu i dodaj ziarna pieprzu syczuańskiego, ząbki czosnku, cebulę, anyż gwiazdkowaty i liście laurowe. Gotuj, aż ząbki czosnku i kawałki cebuli zaczną mięknąć (około 5 - 10 minut). Wmieszaj pikantną pastę fasolową.

b) Następnie dodaj pomidory i gotuj przez dwie minuty. Na koniec dodać lekki sos sojowy i cukier. Wyłącz ogrzewanie.

c) Teraz zgarnijmy wołowinę, imbir i cebulę z pierwszego garnka i przenieśmy je do drugiego garnka. Następnie wlej bulion przez gęste sitko. Umieść garnek na dużym ogniu i dodaj skórkę z mandarynki. Przykryć i doprowadzić zupę do wrzenia. Natychmiast zmniejsz ogień i gotuj przez 60-90 minut.

d) Po zagotowaniu wyłącz ogrzewanie, ale nie zamykaj pokrywki i pozostaw garnek na kuchence (z wyłączonym ogrzewaniem) przez kolejną pełną godzinę, aby smaki się połączyły. Baza zupy jest gotowa. Pamiętaj, aby ponownie zagotować podstawę zupy przed podaniem.

83. Zupa z żółtych jajek

SKŁADNIKI:
- 4 szklanki ekologicznego bulionu z kurczaka
- ½ łyżeczki oleju sezamowego
- ½ łyżeczki soli
- szczypta cukru
- Szczypta białego pieprzu
- 5 kropli żółtego barwnika spożywczego
- ¼ szklanki skrobi kukurydzianej zmieszanej z ½ szklanki wody
- 3 jajka, lekko ubite
- 1 szalotka, posiekana

INSTRUKCJE:

a) Doprowadź bulion z kurczaka do wrzenia w średnim garnku do zupy. Wymieszaj olej sezamowy, sól, cukier i biały pieprz.

b) Następnie dodaj zawiesinę skrobi kukurydzianej

c) Pozwól zupie gotować się przez kilka minut, a następnie sprawdź, czy konsystencja odpowiada Twoim upodobaniom.

d) Wlej zupę do miski, posyp posiekaną szalotką, skrop olejem sezamowym i podawaj!

84. Prosta zupa wonton

SKŁADNIKI:

- 10 uncji baby bok choy lub podobnego zielonego warzywa
- 1 szklanka mielonej wieprzowiny
- 2½ łyżki oleju sezamowego
- Szczypta białego pieprzu
- 1 łyżka przyprawionego sosu sojowego
- ½ łyżeczki soli
- 1 łyżka wina Shaoxing
- 1 paczka skórek wontona
- 6 filiżanek dobrego bulionu z kurczaka
- 1 łyżka oleju sezamowego
- Biały pieprz i sól do smaku
- 1 szalotka, posiekana

INSTRUKCJE:

a) Zacznij od dokładnego umycia warzyw. W dużym garnku zagotuj wodę i blanszuj warzywa, aż zwiędną. Odcedź i przepłucz w zimnej wodzie. Chwyć dobrą kępę warzyw i ostrożnie wyciśnij tyle wody, ile możesz. Bardzo drobno posiekaj warzywa (możesz też przyspieszyć ten proces, wrzucając je do robota kuchennego).

b) W średniej misce dodaj drobno posiekane warzywa, mieloną wieprzowinę, olej sezamowy, biały pieprz, sos sojowy, sól i wino Shaoxing. Mieszaj bardzo dokładnie, aż mieszanina zemulguje się prawie jak pasta.

c) Teraz czas na montaż! Napełnij małą miskę wodą. Chwyć opakowanie i palcem zwilż krawędzie opakowania. Na środek nakładamy nieco ponad łyżeczkę nadzienia. Złóż opakowanie na pół i ściśnij obie strony razem, aby uzyskać mocne zamknięcie.

d) Przytrzymaj dwa dolne rogi właśnie utworzonego małego prostokąta i połącz oba rogi. Możesz użyć odrobiny wody, aby upewnić się, że się przyklejają. I to wszystko! Kontynuuj składanie, aż zniknie całe nadzienie. Umieść wontony na blasze lub talerzu wyłożonym papierem do pieczenia, aby zapobiec przywieraniu.

e) W tym momencie możesz przykryć wontony folią plastikową, włożyć blachę do pieczenia/talerz do zamrażarki i przenieść je do toreb Ziploc, gdy zostaną zamrożone. Będą przechowywane przez kilka miesięcy w zamrażarce i będą gotowe na zupę wonton, kiedy tylko zechcesz.

f) Aby przygotować zupę, podgrzej bulion z kurczaka na wolnym ogniu i dodaj olej sezamowy, biały pieprz i sól.

g) Doprowadź do wrzenia wodę w osobnym garnku. Ostrożnie dodawać wontony pojedynczo do garnka. Mieszamy, aby wontony nie przywarły do dna. Jeśli się przykleją, nie martw się, powinny wyjść po upieczeniu. Są gotowe, gdy unoszą się na wodzie. Uważaj, aby ich nie rozgotować.

h) Wyjąć wontony łyżką cedzakową i przełożyć do miseczek. Wlać zupę na wontony i udekorować posiekanymi szalotkami. Podawać!

85. Zupa Jajeczna

SKŁADNIKI:
- 4 szklanki bulionu z kurczaka o niskiej zawartości sodu
- 2 obrane plastry świeżego imbiru
- 2 ząbki czosnku, obrane
- 2 łyżeczki jasnego sosu sojowego
- 2 łyżki skrobi kukurydzianej
- 3 łyżki wody
- 2 duże jajka, lekko ubite
- 1 łyżeczka oleju sezamowego
- 2 szalotki, cienko pokrojone, do dekoracji

INSTRUKCJE:

a) W woku lub garnku do zupy połącz bulion, imbir, czosnek i lekką soję i zagotuj. Zmniejszyć do wrzenia i gotować przez 5 minut. Usuń i wyrzuć imbir i czosnek.

b) W małej misce wymieszaj skrobię kukurydzianą i wodę i wymieszaj mieszaninę w woku.

c) Zmniejsz ogień do wrzenia. Zanurz widelec w ubitych jajkach, a następnie przeciągnij go przez zupę, delikatnie mieszając. Gotuj zupę bez mieszania przez kilka chwil, aby jajka się zeszkliły. Dodaj olej sezamowy i wlej zupę do miseczek. Udekoruj szalotkami.

86. Ryż smażony z jajkiem

SKŁADNIKI:
- 5 szklanek ugotowanego ryżu
- 5 dużych jaj (podzielonych)
- 2 łyżki wody
- ¼ łyżeczki papryki
- ¼ łyżeczki kurkumy
- 3 łyżki oleju (podzielone)
- 1 średnia cebula, drobno posiekana
- ½ czerwonej papryki, drobno posiekanej
- ½ szklanki mrożonego groszku, rozmrożonego
- 1½ łyżeczki soli
- ¼ łyżeczki cukru
- ¼ łyżeczki czarnego pieprzu
- 2 szalotki, posiekane

INSTRUKCJE:

a) Za pomocą widelca spulchnij ryż i rozbij go. Jeśli używasz świeżo ugotowanego ryżu, pozostaw go na blacie bez przykrycia, aż przestanie parować, zanim go spulchnisz.

b) Ubij 3 jajka w jednej misce. Ubij pozostałe 2 jajka w innej misce, razem z 2 łyżkami wody, papryką i kurkumą. Odłóż te dwie miski na bok.

c) Rozgrzej wok na średnim ogniu i dodaj 2 łyżki oleju. Dodać 3 ubite jajka (bez przypraw) i wymieszać. Zdejmij je z woka i odłóż na bok.

d) Rozgrzej wok na dużym ogniu i dodaj ostatnią łyżkę oleju. Dodaj pokrojoną w kostkę cebulę i paprykę. Smażyć przez 1-2 minuty. Następnie dodać ryż i smażyć mieszając przez 2 minuty, wykonując ruch nabierania, aby równomiernie podgrzać ryż. Użyj szpatułki do woka, aby spłaszczyć i rozbić grudki ryżu.

e) Następnie wlej pozostałe niegotowane jajka i mieszankę przypraw na ryż i mieszając smaż przez około 1 minutę, aż wszystkie ziarna ryżu pokryją się jajkiem.

f) Dodać groszek i smażyć ciągle mieszając przez kolejną minutę. Następnie rozprowadź sól, cukier i czarny pieprz na ryżu i wymieszaj. Powinieneś teraz zobaczyć trochę pary wydobywającej się z ryżu, co oznacza, że jest nagrzany.

87. Klasyczny smażony ryż z wieprzowiną

SKŁADNIKI:
- 1 łyżka gorącej wody
- 1 łyżeczka miodu
- 1 łyżeczka oleju sezamowego
- 1 łyżeczka wina Shaoxing
- 1 łyżka sosu sojowego
- 1 łyżeczka ciemnego sosu sojowego
- ¼ łyżeczki białego pieprzu
- 5 szklanek ugotowanego białego ryżu
- 1 łyżka oleju
- 1 średnia cebula, pokrojona w kostkę
- 1 funt chińskiej wieprzowiny BBQ, pokrojonej na kawałki
- 2 jajka, jajecznica
- ½ szklanki kiełków fasoli mung
- 2 szalotki, posiekane

INSTRUKCJE:

a) Zacznij od połączenia gorącej wody, miodu, oleju sezamowego, wina Shaoxing, sosu sojowego, ciemnego sosu sojowego i białego pieprzu w małej misce.

b) Weź ugotowany ryż i spulchnij go widelcem lub rękami.

c) Rozgrzej wok na średnim ogniu, dodaj łyżkę oleju i smaż cebulę, aż się zeszkli. Wmieszać pieczoną wieprzowinę. Dodaj ryż i dobrze wymieszaj. Dodaj mieszaninę sosu i sól i mieszaj ruchami czerpania, aż ryż będzie równomiernie pokryty sosem.

d) Wrzuć jajka, kiełki fasoli mung i cebulę. Dokładnie mieszaj przez kolejną minutę lub dwie i podawaj!

88. Pijany makaron

SKŁADNIKI:
Na kurczaka i marynatę:
- 2 łyżki wody
- 12 uncji pokrojonych udek z kurczaka lub piersi z kurczaka
- 1 łyżeczka sosu sojowego
- 1 łyżeczka oleju
- 2 łyżeczki skrobi kukurydzianej

Na resztę dania:
- 8 uncji szerokiego suszonego makaronu ryżowego, ugotowanego
- 1½ łyżeczki brązowego cukru rozpuszczonego w 1 łyżce gorącej wody
- 2 łyżeczki sosu sojowego
- 1 łyżeczka ciemnego sosu sojowego
- 1 łyżka sosu rybnego
- 2 łyżeczki sosu ostrygowego
- szczypta mielonego białego pieprzu
- 3 łyżki oleju roślinnego lub rzepakowego (podzielone)
- 3 ząbki czosnku, pokrojone
- ¼ łyżeczki świeżo startego imbiru
- 2 szalotki, pokrojone w plasterki (około ⅓ filiżanek)
- 1 szalotka pokrojona w julienne na 3-calowe kawałki
- 4 tajskie czerwone papryczki chili, pozbawione pestek i pokrojone w julienne
- 1 szklanka luźno upakowanej świętej bazylii lub tajskiej bazylii
- 5 do 6 kawałków kukurydzy, podzielonych na pół (opcjonalnie)
- 2 łyżeczki wina Shaoxing

INSTRUKCJE:
a) Wlej 2 łyżki wody do pokrojonego kurczaka rękami, aż kurczak wchłonie płyn. Dodaj sos sojowy, olej, skrobię kukurydzianą i mieszaj, aż kurczak będzie równomiernie pokryty. Odstawić na 20 minut.

b) Wymieszaj rozpuszczoną mieszankę brązowego cukru, sosy sojowe, sos rybny, sos ostrygowy i biały pieprz w małej misce i odłóż na bok.

c) Rozgrzej wok, aż będzie prawie dymił i rozprowadź 2 łyżki oleju po obwodzie woka. Dodaj kurczaka i smaż przez 1 minutę z każdej strony, aż będzie ugotowany w około 90%. Zdjąć z woka i odstawić. Jeśli temperatura była wystarczająco wysoka, a mięso zostało odpowiednio usmażone, wok powinien być nadal czysty i nic się do niego nie przyklejać. Jeśli nie, możesz umyć wok, aby zapobiec przywieraniu makaronu ryżowego.

d) Kontynuuj z wokiem na dużym ogniu i dodaj 1 łyżkę oleju, razem z czosnkiem i startym imbirem.

e) Po kilku sekundach dodaj szalotki. Smażyć przez 20 sekund i dodać szalotki, papryczki chili, bazylię, kukurydzę i wino Shaoxing. Smaż przez kolejne 20 sekund i dodaj makaron ryżowy. Używaj ruchu nabierania, aby mieszać wszystko przez kolejną minutę, aż makaron się rozgrzeje.

f) Następnie dodać przygotowaną mieszankę sosów i smażyć mieszając na największym ogniu przez około 1 minutę, aż makaron nabierze jednolitego koloru. Uważaj, aby użyć metalowej szpatułki do zeskrobania dna woka, aby zapobiec przywieraniu.

g) Dodać podsmażonego kurczaka i smażyć mieszając przez kolejne 1 do 2 minut. Podawać!

89. Makaron Sichuan dan dan

SKŁADNIKI:
DLA OLEJU CHILI:
- 2 łyżki ziaren pieprzu syczuańskiego
- Kawałek cynamonu o długości 1 cala
- 2 gwiazdki anyżu
- 1 szklanka oleju
- ¼ szklanki pokruszonych płatków czerwonej papryki

DO MIĘSA I SUI MI YA CAI:
- 3 łyżeczki oleju (podzielone)
- 8 uncji mielonej wieprzowiny
- 2 łyżeczki słodkiego sosu fasolowego lub sosu hoisin
- 2 łyżeczki wina Shaoxing
- 1 łyżeczka ciemnego sosu sojowego
- ½ łyżeczki proszku pięciu przypraw
- ⅓ szklanki sui mi Ya cai

NA SOS:
- 2 łyżki pasty sezamowej (tahini)
- 3 łyżki sosu sojowego
- 2 łyżeczki cukru
- ¼ łyżeczki proszku pięciu przypraw
- ½ łyżeczki proszku z pieprzu syczuańskiego
- ½ szklanki przygotowanego oleju chili
- 2 ząbki czosnku, bardzo drobno posiekane
- ¼ szklanki gorącej wody z gotowania makaronu

NA MAKARON I WARZYWA:
- 1 funt świeżego lub suszonego białego makaronu, średniej grubości
- 1 mały pęczek zielonych liści (szpinak, bok choy lub choy sum)

ZŁOŻYĆ:
- posiekane orzeszki ziemne (opcjonalnie)
- posiekana szalotka

INSTRUKCJE:

a) Przygotowanie mieszanki mięsnej: W woku rozgrzać na średnim ogniu łyżkę oleju i zrumienić mieloną wieprzowinę. Dodaj sos ze słodkiej fasoli, wino Shaoxing, ciemny sos sojowy i pięć przypraw w proszku. Gotuj, aż cały płyn odparuje. Odłożyć na bok. Rozgrzej pozostałe 2 łyżeczki oleju w woku na średnim ogniu i smaż sui mi ya cai (marynowane warzywa) przez kilka minut. Odłożyć na bok.

b) Przygotowanie sosu: Wymieszać wszystkie składniki sosu. Spróbuj i dopraw według uznania. Możesz poluzować go większą ilością gorącej wody, dodać więcej proszku z pieprzu syczuańskiego.

c) Aby przygotować makaron i warzywa: Ugotuj makaron zgodnie z instrukcją na opakowaniu i odcedź. Zblanszować warzywa w wodzie z makaronem i odcedzić.

d) Podziel sos na cztery miski, a następnie makaron i zielone warzywa liściaste. Dodaj ugotowaną wieprzowinę i sui mi ya cai na wierzchu. Posyp posiekanymi orzeszkami ziemnymi (opcjonalnie) i szczypiorkiem.

e) Wymieszaj wszystko razem i ciesz się!

90. Gorąca i kwaśna zupa

SKŁADNIKI:
- Schab bez kości 4 uncje, pokrojony w paski o grubości ¼ cala
- 1 łyżka ciemnego sosu sojowego
- 4 suszone grzyby shiitake
- 8 suszonych grzybów usznych
- 1½ łyżki skrobi kukurydzianej
- ¼ szklanki niesezonowanego octu ryżowego
- 2 łyżki jasnego sosu sojowego
- 2 łyżeczki cukru
- 1 łyżeczka oleju chili
- 1 łyżeczka mielonego białego pieprzu
- 2 łyżki oleju roślinnego
- 1 obrany świeży plasterek imbiru, mniej więcej wielkości ćwiartki
- Sól koszerna
- 4 szklanki bulionu z kurczaka o niskiej zawartości sodu
- 4 uncje twardego tofu, spłukane i pokrojone w ¼-calowe paski
- 1 duże jajko, lekko ubite
- 2 szalotki, cienko pokrojone, do dekoracji

INSTRUKCJE:

a) W misce wymieszaj wieprzowinę i ciemną soję. Odłożyć na bok.

b) Umieść oba grzyby w żaroodpornej misce i zalej wrzątkiem. Namocz grzyby, aż zmiękną, około 20 minut. Odlej ¼ szklanki wody z grzybów do szklanej miarki i odstaw. Odcedź i wylej resztę płynu. Cienko pokrój grzyby shiitake i pokrój grzyby uszne na kawałki wielkości kęsa. Przełóż oba grzyby z powrotem do miski do moczenia i odłóż na bok.

c) Mieszaj skrobię kukurydzianą w zarezerwowanym płynie grzybowym, aż skrobia kukurydziana się rozpuści. Mieszaj ocet, lekką soję, cukier, olej chili i biały pieprz, aż cukier się rozpuści. Odłożyć na bok.

d) Rozgrzej wok na średnim ogniu, aż kropla wody zacznie skwierczeć i odparuje w kontakcie. Wlej olej roślinny i zamieszaj, aby pokryć dno woka. Doprawiamy olej dodając imbir i szczyptę soli. Pozwól, aby imbir skwierczał w oleju przez około 30 sekund, delikatnie mieszając.

e) Przełożyć wieprzowinę do woka i smażyć mieszając przez około 3 minuty, aż wieprzowina przestanie być różowa. Usuń imbir i wyrzuć. Dodać bulion i doprowadzić do wrzenia. Zredukować do wrzenia i wymieszać z grzybami. Wmieszaj tofu i gotuj na wolnym ogniu przez 2 minuty. Wymieszaj mieszaninę skrobi kukurydzianej i przywróć ciepło do średniego poziomu, mieszając, aż zupa zgęstnieje, około 30 sekund. Zmniejsz ogień do wrzenia.

f) Zanurz widelec w ubitym jajku, a następnie przeciągnij go przez zupę, delikatnie mieszając.

91. Wieprzowina Congee

SKŁADNIKI:
- 10 szklanek wody
- ¾ szklanki ryżu jaśminowego, opłukanego i odsączonego
- 1 łyżeczka soli koszernej
- 2 łyżeczki obranego, posiekanego świeżego imbiru
- 2 ząbki czosnku, posiekane
- 1 łyżka jasnego sosu sojowego plus więcej do serwowania
- 2 łyżeczki wina ryżowego Shaoxing
- 2 łyżeczki skrobi kukurydzianej
- 6 uncji mielonej wieprzowiny
- 2 łyżki oleju roślinnego
- Marynowane chińskie warzywa, cienko pokrojone, do podania (opcjonalnie)
- Olej Scallion-Ginger, do serwowania (opcjonalnie)
- Olej ze smażonego chili, do podania (opcjonalnie)
- Olej sezamowy do podania (opcjonalnie)

INSTRUKCJE:

a) W garnku z grubym dnem doprowadzić wodę do wrzenia. Wymieszaj ryż i sól i zmniejsz ogień do wrzenia. Przykryj i gotuj, od czasu do czasu mieszając, przez około 1,5 godziny, aż ryż zmieni się w miękką owsiankę.

b) Podczas gdy congee się gotuje, w średniej misce wymieszaj imbir, czosnek, lekką soję, wino ryżowe i skrobię kukurydzianą. Dodaj wieprzowinę i pozwól jej marynować przez 15 minut.

c) Rozgrzej wok na średnim ogniu, aż kropla wody zacznie skwierczeć i odparuje w kontakcie. Wlej olej roślinny i zamieszaj, aby pokryć dno woka. Dodaj wieprzowinę i smaż, mieszając, podrzucając i rozbijając mięso, około 2 minut.

d) Gotuj przez kolejne 1 do 2 minut bez mieszania, aby uzyskać karmelizację.

e) Congee podawaj w miseczkach do zupy z podsmażoną wieprzowiną. Udekoruj wybranymi dodatkami.

92. Smażony Ryż Z Krewetkami, Jajkiem I Szczypiorek

SKŁADNIKI:
- 2 łyżki oleju roślinnego
- Sól koszerna
- 1 duże jajko, ubite
- ½ funta krewetek (dowolnej wielkości), obranych, pozbawionych żyłek i pokrojonych na małe kawałki
- 1 łyżeczka obranego drobno posiekanego świeżego imbiru
- 2 ząbki czosnku, drobno posiekane
- ½ szklanki mrożonego groszku i marchwi
- 2 szalotki, cienko pokrojone, podzielone
- 3 szklanki zimnego ugotowanego ryżu
- 3 łyżki niesolonego masła
- 1 łyżka jasnego sosu sojowego
- 1 łyżka oleju sezamowego

INSTRUKCJE:

a) Rozgrzej wok na średnim ogniu, aż kropla wody zacznie skwierczeć i odparuje w kontakcie. Wlej olej roślinny i zamieszaj, aby pokryć dno woka. Olej doprawiamy dodając niewielką szczyptę soli. Dodaj jajko i szybko wymieszaj.

b) Popchnij jajko na boki woka, aby utworzyć środkowy pierścień i dodaj razem krewetki, imbir i czosnek. Smaż krewetki z niewielką szczyptą soli przez 2 do 3 minut, aż staną się nieprzejrzyste i różowe. Dodaj groszek i marchewkę oraz połowę szalotki i smaż przez kolejną minutę.

c) Dodaj ryż, rozbijając duże grudki i mieszaj, aby połączyć wszystkie składniki. Smażyć przez 1 minutę, a następnie przesunąć wszystko na boki woka, pozostawiając zagłębienie na dnie woka.

d) Dodaj masło i lekką soję, pozwól masłu stopić się i zabulgotać, a następnie wymieszaj wszystko razem, aby pokryć, około 30 sekund.

e) Rozłóż smażony ryż równą warstwą w woku i pozostaw ryż na woku przez około 2 minuty, aby lekko się zrumienił. Skropić olejem sezamowym i doprawić kolejną małą szczyptą soli. Przełóż na talerz i natychmiast podawaj, dekorując resztą cebuli.

93. Wędzony Pstrąg Smażony Ryż

SKŁADNIKI:

- 2 duże jajka
- 1 łyżeczka oleju sezamowego
- Sól koszerna
- Pieprz biały mielony
- 1 łyżka jasnego sosu sojowego
- ½ łyżeczki cukru
- 3 łyżki ghee lub oleju roślinnego, podzielone
- 1 łyżeczka obranego drobno posiekanego świeżego imbiru
- 2 ząbki czosnku, drobno posiekane
- 3 szklanki zimnego ugotowanego ryżu
- 4 uncje wędzonego pstrąga, podzielonego na kawałki wielkości kęsa
- ½ szklanki cienko pokrojonych serc sałaty rzymskiej
- 2 szalotki, cienko pokrojone
- ½ łyżeczki białego sezamu

INSTRUKCJE:

a) W dużej misce ubij jajka z olejem sezamowym i szczyptą soli i białego pieprzu, aż się połączą. W małej misce wymieszaj lekką soję i cukier, aby cukier się rozpuścił. Odłożyć na bok.

b) Rozgrzej wok na średnim ogniu, aż kropla wody zacznie skwierczeć i odparuje w kontakcie. Wlej 1 łyżkę ghee i zamieszaj, aby pokryć dno woka. Dodaj mieszaninę jajek i za pomocą żaroodpornej szpatułki zamieszaj i potrząśnij jajkami, aby się ugotowały. Przenieś jajka na talerz, gdy są ugotowane, ale nie suche.

c) Dodaj pozostałe 2 łyżki ghee do woka wraz z imbirem i czosnkiem. Smaż szybko, mieszając, aż czosnek i imbir nabiorą aromatu, ale uważaj, aby się nie przypaliły. Dodaj mieszankę ryżu i soi i mieszaj, aby połączyć. Kontynuuj smażenie, około 3 minuty. Dodaj pstrąga i ugotowane jajko i smaż mieszając, aby je rozbić, około 20 sekund. Dodaj sałatę i szalotki i smaż, mieszając, aż będą jasnozielone.

d) Przełożyć na półmisek i posypać sezamem.

94. Spam Smażony Ryż

SKŁADNIKI:

- 1 łyżka oleju roślinnego
- 2 obrane plastry świeżego imbiru
- Sól koszerna
- 1 (12 uncji) puszka Spamu, pokrojona w ½-calowe kostki
- ½ białej cebuli, pokroić w kostkę ¼ cala
- 2 ząbki czosnku, drobno posiekane
- ½ szklanki mrożonego groszku i marchwi
- 2 szalotki, cienko pokrojone, podzielone
- 3 szklanki zimnego ugotowanego ryżu
- ½ szklanki kawałków ananasa z puszki, soki zarezerwowane
- 3 łyżki niesolonego masła
- 2 łyżki jasnego sosu sojowego
- 1 łyżeczka srirachy
- 1 łyżeczka jasnego brązowego cukru
- 1 łyżka oleju sezamowego

INSTRUKCJE:

a) Rozgrzej wok na średnim ogniu, aż kropla wody zacznie skwierczeć i odparuje w kontakcie. Wlej olej roślinny i zamieszaj, aby pokryć dno woka. Doprawiamy olej dodając imbir i niewielką szczyptę soli. Pozwól, aby imbir skwierczał w oleju przez około 30 sekund, delikatnie mieszając.

b) Dodaj pokrojony w kostkę spam i rozłóż go równomiernie na dnie woka. Niech Spam się przypiecze przed rzucaniem i przewracaniem. Kontynuuj smażenie spamu przez 5 do 6 minut, aż stanie się złocisty i chrupiący ze wszystkich stron.

c) Dodać cebulę i czosnek i smażyć mieszając przez około 2 minuty, aż cebula zacznie wyglądać na przezroczystą. Dodaj groszek i marchewkę oraz połowę dymki. Smażyć jeszcze przez minutę.

d) Wrzuć ryż i ananasa, rozbijając duże grudki ryżu, a następnie wymieszaj i przewróć, aby połączyć wszystkie składniki. Smażyć przez 1 minutę, a następnie przesunąć wszystko na boki woka, pozostawiając zagłębienie na dnie woka.

e) Dodaj masło, zarezerwowany sok ananasowy, soję light, sriracha i brązowy cukier. Mieszać do rozpuszczenia cukru i doprowadzić sos do wrzenia, po czym gotować przez około minutę, aby sos się zredukował i lekko zgęstniał. Połącz wszystko, aby pokryć, około 30 sekund.

f) Rozłóż smażony ryż w równej warstwie w woku i pozwól ryżowi usiąść na woku, aby lekko się zrumienił, około 2 minut. Usuń imbir i wyrzuć. Skropić olejem sezamowym i doprawić kolejną małą szczyptą soli. Przełożyć na talerz i udekorować pozostałymi szalotkami. Natychmiast podawaj.

95. Ryż na parze z Lap Cheung i Bok Choy

SKŁADNIKI:
- 1½ szklanki ryżu jaśminowego
- 4 okrążenia Cheung (chińska kiełbasa) linki lub hiszpańskie chorizo
- 4 główki baby bok choy, każda pokrojona na 6 klinów
- ¼ szklanki oleju roślinnego
- 1 mała szalotka, cienko pokrojona
- 1-calowy kawałek świeżego imbiru, obrany i drobno posiekany
- 1 ząbek czosnku, obrany i drobno posiekany
- 2 łyżeczki jasnego sosu sojowego
- 1 łyżka ciemnego sosu sojowego
- 2 łyżeczki wina ryżowego Shaoxing
- 1 łyżeczka oleju sezamowego
- Cukier

INSTRUKCJE:

a) W misce do mieszania opłucz i przepłucz ryż 3 lub 4 razy pod zimną wodą, mieszając ryż w wodzie, aby spłukać wszelkie skrobie. Ryż zalewamy zimną wodą i moczymy przez 2 godziny. Ryż przecedzić przez gęste sito.

b) Opłucz dwa bambusowe koszyki do gotowania na parze i ich pokrywki pod zimną wodą i umieść jeden kosz w woku. Wlej 2 cale wody lub tyle, aby poziom wody znalazł się powyżej dolnej krawędzi parowara o ¼ do ½ cala, ale nie tak wysoko, aby woda dotykała dna parowara.

c) Talerz wyłożyć kawałkiem gazy i nałożyć na niego połowę namoczonego ryżu. Ułóż 2 kiełbaski i połowę bok choy na wierzchu i luźno zawiąż gazę, aby wokół ryżu było wystarczająco dużo miejsca, aby mógł się rozszerzyć. Umieść talerz w koszyku do gotowania na parze. Powtórz ten proces z innym talerzem, większą ilością gazy i pozostałą kiełbasą i bok choy w drugim koszyku do gotowania na parze, a następnie ułóż go na pierwszym i przykryj.

d) Ustaw ogień na średni i zagotuj wodę. Gotuj ryż na parze przez 20 minut, często sprawdzając poziom wody i dodając więcej w razie potrzeby.

e) Podczas gdy ryż gotuje się na parze, w małym rondlu podgrzej olej roślinny na średnim ogniu, aż zacznie dymić. Wyłącz ogień i dodaj szalotkę, imbir i czosnek. Wymieszaj i dodaj jasną soję, ciemną soję, wino ryżowe, olej sezamowy i szczyptę cukru. Odstawić do ostygnięcia.

f) Gdy ryż będzie gotowy, ostrożnie rozwiąż gazę i przełóż ryż i bok choy na półmisek. Kiełbaski kroimy po przekątnej i układamy na ryżu. Podawaj z imbirowym olejem sojowym z boku.

96. Rosół wołowy z makaronem

SKŁADNIKI:
- ¾ funta polędwicy wołowej, cienko pokrojonej w poprzek włókien
- 2 łyżeczki sody oczyszczonej
- 4 łyżki wina ryżowego Shaoxing, podzielone
- 4 łyżki jasnego sosu sojowego, podzielone
- 2 łyżeczki skrobi kukurydzianej, podzielone
- 1 łyżeczka cukru
- Świeżo mielony czarny pieprz
- 3 łyżki oleju roślinnego, podzielone
- 2 łyżeczki chińskiej przyprawy pięciu przypraw
- 4 obrane plastry świeżego imbiru
- 2 ząbki czosnku, obrane i rozgniecione
- 4 szklanki bulionu wołowego
- ½ funta suszonego makaronu chińskiego (dowolnego rodzaju)
- 2 główki baby bok choy, pokrojone w ćwiartki
- 1 łyżka olejku imbirowo-cebulowego

INSTRUKCJE:
a) W małej misce wymieszaj wołowinę z sodą oczyszczoną i pozostaw na 5 minut. Opłucz wołowinę i osusz ręcznikiem papierowym.
b) W innej misce wymieszaj wołowinę z winem ryżowym, lekką soją sojową, skrobią kukurydzianą, cukrem, solą i pieprzem. Marynować.
c) W szklanej miarce wymieszaj pozostałe 3 łyżki wina ryżowego, 3 łyżki jasnej soi i 1 łyżeczkę skrobi kukurydzianej i odłóż na bok.
d) Rozgrzej wok na średnim ogniu, aż kropla wody zacznie skwierczeć i odparuje w kontakcie. Wlej 2 łyżki oleju roślinnego i zamieszaj, aby pokryć dno woka. Dodaj wołowinę i pięć przypraw w proszku i smaż przez 3 do 4 minut, mieszając od czasu do czasu, aż lekko się zrumieni. Przełóż wołowinę do czystej miski i odłóż na bok.
e) Wytrzyj wok do czysta i ustaw go ponownie na średnim ogniu. Dodaj pozostałą 1 łyżkę oleju roślinnego i zamieszaj, aby pokryć dno woka. Dodaj imbir, czosnek i szczyptę soli, aby przyprawić olej. Pozwól imbirowi i czosnkowi skwierczeć w oleju przez około 10 sekund, delikatnie mieszając.

f) Wlać mieszaninę sosu sojowego i doprowadzić do wrzenia. Wlać bulion i ponownie zagotować. Zredukuj do wrzenia i włóż wołowinę z powrotem do woka. Gotować przez 10 minut.

g) W międzyczasie zagotuj duży garnek wody na dużym ogniu. Dodaj makaron i gotuj zgodnie z instrukcją na opakowaniu. Za pomocą skimmera do woka wydrąż makaron i odsącz. Dodaj kapustę bok choy do wrzącej wody i gotuj przez 2 do 3 minut, aż będzie jasnozielona i miękka. Wydrąż bok choy i przełóż do miski. Używając szczypiec, wrzuć makaron z olejem z szalotki i imbiru, aby pokryć. Rozłóż makaron i bok choy do miseczek na zupę.

97. Makaron Czosnkowy

SKŁADNIKI:
- ½ funta świeżego chińskiego makaronu jajecznego, ugotowanego
- 2 łyżki oleju sezamowego, podzielone
- 2 łyżki jasnego brązowego cukru
- 2 łyżki sosu ostrygowego
- 1 łyżka jasnego sosu sojowego
- ½ łyżeczki mielonego białego pieprzu
- 6 łyżek niesolonego masła
- 8 ząbków czosnku, drobno posiekanych
- 6 szalotek, cienko pokrojonych

INSTRUKCJE:

a) Skrop makaron 1 łyżką oleju sezamowego i wymieszaj. Odłożyć na bok.

b) W małej misce wymieszaj brązowy cukier, sos ostrygowy, lekką soję i biały pieprz. Odłożyć na bok.

c) Rozgrzej wok na średnim ogniu i roztop masło. Dodaj czosnek i połowę cebuli. Smażyć przez 30 sekund.

d) Wlać sos i wymieszać, aby połączyć się z masłem i czosnkiem. Doprowadzić sos do wrzenia i dodać makaron. Wrzuć makaron, aby pokrył się sosem, aż się podgrzeje.

98. makaron z Singapuru

SKŁADNIKI:
- ½ funta suszonego makaronu ryżowego vermicelli
- ½ funta średnich krewetek, obranych i pozbawionych żyłek
- 3 łyżki oleju kokosowego, podzielone
- Sól koszerna
- 1 mała biała cebula, cienko pokrojona w paski
- ½ zielonej papryki, pokrojonej w cienkie paski
- ½ czerwonej papryki, pokrojonej w cienkie paski
- 2 ząbki czosnku, drobno posiekane
- 1 szklanka mrożonego groszku, rozmrożonego
- ½ funta chińskiej pieczonej wieprzowiny, pokrojonej w cienkie paski
- 2 łyżeczki curry w proszku
- Świeżo mielony czarny pieprz
- Sok z 1 limonki
- 8 do 10 gałązek świeżej kolendry

INSTRUKCJE:

a) Doprowadź duży garnek wody do wrzenia na dużym ogniu. Wyłącz ogień i dodaj makaron. Moczyć przez 4 do 5 minut, aż makaron stanie się nieprzezroczysty. Ostrożnie odcedź makaron w durszlaku. Makaron przepłukać zimną wodą i odstawić.

b) W małej misce dopraw krewetki sosem rybnym (jeśli używasz) i odstaw na 5 minut. Jeśli nie chcesz używać sosu rybnego, zamiast tego użyj szczypty soli do przyprawiania krewetek.

c) Rozgrzej wok na średnim ogniu, aż kropla wody zacznie skwierczeć i odparuje w kontakcie. Wlej 2 łyżki oleju kokosowego i zamieszaj, aby pokryć dno woka. Olej doprawiamy dodając niewielką szczyptę soli. Dodać krewetki i smażyć mieszając przez 3 do 4 minut lub do momentu, aż krewetki staną się różowe. Przełożyć do czystej miski i odstawić.

d) Dodaj pozostałą 1 łyżkę oleju kokosowego i zamieszaj, aby pokryć wok. Smaż cebulę, paprykę i czosnek przez 3 do 4 minut, aż cebula i paprika będą miękkie. Dodaj groszek i smaż, mieszając, aż się rozgrzeje, około minuty.

e) Dodaj wieprzowinę i włóż krewetki z powrotem do woka. Wymieszaj z curry w proszku i dopraw solą i pieprzem. Dodać makaron i wymieszać do połączenia. Makaron zmieni kolor na olśniewająco złocistożółty, gdy będziesz nadal delikatnie mieszać go z innymi składnikami. Kontynuuj smażenie i mieszanie przez około 2 minuty, aż makaron się rozgrzeje.

f) Makaron przełożyć na talerz, skropić sokiem z limonki i udekorować kolendrą. Natychmiast podawaj.

99. Makaron Szklany Z Kapustą Napa

SKŁADNIKI:
- ½ funta suszonego makaronu ze słodkich ziemniaków lub makaronu z fasoli mung
- 2 łyżki jasnego sosu sojowego
- 2 łyżeczki ciemnego sosu sojowego
- 1 łyżka sosu ostrygowego
- 1 łyżeczka cukru
- 2 łyżki oleju roślinnego
- 2 obrane plastry świeżego imbiru
- Sól koszerna
- 1 łyżeczka pieprzu syczuańskiego
- 1 mała główka kapusty pekińskiej, pokrojona na małe kawałki
- ½ funta zielonej fasoli, przyciętej i przekrojonej na pół
- 3 szalotki, grubo posiekane

INSTRUKCJE:

a) W dużej misce zmiękcz makaron, mocząc go w gorącej wodzie przez 10 minut lub do momentu, aż zmięknie. Ostrożnie odcedź makaron w durszlaku. Przepłukać zimną wodą i odstawić.

b) W małej misce wymieszaj jasną soję, ciemną soję sojową, sos ostrygowy i cukier. Odłożyć na bok.

c) Rozgrzej wok na średnim ogniu, aż kropla wody zacznie skwierczeć i odparuje w kontakcie. Wlej olej i zamieszaj, aby pokryć dno woka. Dopraw oliwę, dodając imbir, niewielką szczyptę soli i ziarna pieprzu syczuańskiego. Pozwól, aby imbir skwierczał w oleju przez około 30 sekund, delikatnie mieszając. Wydrążyć imbir i ziarna pieprzu i wyrzucić.

d) Dodaj kapustę pekińską i zieloną fasolkę do woka i smaż, mieszając, podrzucając i obracając przez 3 do 4 minut, aż warzywa zwiędną. Wlać sos i wymieszać do połączenia.

e) Dodać makaron i wymieszać z sosem i warzywami. Przykryj i zmniejsz ciepło do średniego. Gotuj przez 2 do 3 minut lub do momentu, aż makaron stanie się przezroczysty, a fasolka szparagowa będzie miękka.

f) Zwiększ ogień do średniego i odkryj wok. Smażyć mieszając, mieszając i nabierając przez kolejne 1 do 2 minut, aż sos lekko zgęstnieje. Przełożyć na półmisek i udekorować szalotkami. Podawać na gorąco.

100. Makaron Hakka

SKŁADNIKI:
- ¾ funta świeżego makaronu na bazie mąki
- 3 łyżki oleju sezamowego, podzielone
- 2 łyżki jasnego sosu sojowego
- 1 łyżka octu ryżowego
- 2 łyżeczki jasnego brązowego cukru
- 1 łyżeczka sriracha
- 1 łyżeczka oleju chili
- Sól koszerna
- Pieprz biały mielony
- 2 łyżki oleju roślinnego
- 1 łyżka obranego drobno posiekanego świeżego imbiru
- ½ główki zielonej kapusty, poszatkowanej
- ½ czerwonej papryki, pokrojonej w cienkie paski
- ½ czerwonej cebuli, pokrojonej w cienkie pionowe paski
- 1 duża marchewka, obrana i pokrojona w słupki
- 2 ząbki czosnku, drobno posiekane
- 4 szalotki, cienko pokrojone

INSTRUKCJE:

a) Doprowadź garnek z wodą do wrzenia i ugotuj makaron zgodnie z instrukcją na opakowaniu. Odcedź, opłucz i wymieszaj z 2 łyżkami oleju sezamowego. Odłożyć na bok.

b) W małej misce wymieszaj soję light, ocet ryżowy, brązowy cukier, sriracha, olej chili i szczyptę soli i białego pieprzu. Odłożyć na bok.

c) Rozgrzej wok na średnim ogniu, aż kropla wody zacznie skwierczeć i odparuje w kontakcie. Wlej olej roślinny i zamieszaj, aby pokryć dno woka. Doprawiamy olej dodając imbir i niewielką szczyptę soli. Pozwól, aby imbir skwierczał w oleju przez około 10 sekund, delikatnie mieszając.

d) Dodaj kapustę, paprykę, cebulę i marchewkę i smaż mieszając przez 4 do 5 minut, aż warzywa będą miękkie, a cebula zacznie się lekko karmelizować. Dodaj czosnek i smaż, mieszając, aż zacznie pachnieć, jeszcze około 30 sekund. Mieszamy z sosem i doprowadzamy do wrzenia. Zmniejsz ogień do średniego i gotuj sos przez 1 do 2 minut. Dodaj szalotki i wymieszaj, aby połączyć.

e) Dodać makaron i wymieszać do połączenia. Zwiększyć ogień do średniego i smażyć mieszając przez 1 do 2 minut, aby podgrzać makaron. Przełożyć na talerz, skropić pozostałą 1 łyżką oleju sezamowego i podawać gorące.

WNIOSEK

Na wynos w domu to nie tylko książka kucharska, ale podróż po różnorodnym i pełnym smaku świecie kuchni chińskiej. Dzięki 100 apetycznym przepisom, z których każdy opatrzony jest pięknie kolorowym obrazkiem, ta książka kucharska dostarcza inspiracji i wskazówek, jak odtworzyć ulubione chińskie dania na wynos w domu.

Odkrywając różne przepisy, odkryjesz sekrety odważnych i złożonych smaków kuchni chińskiej. Dowiesz się również, jak korzystać z tradycyjnych chińskich składników i technik, aby podnieść swoją domową kuchnię na wyższy poziom.

Zanim dotrzesz do końca tej książki kucharskiej, zyskasz nowe uznanie dla sztuki chińskiej kuchni i jej nieskończonych możliwości. Niezależnie od tego, czy chcesz zaimponować gościom na obiedzie, czy po prostu zjeść pyszny posiłek z rodziną, Na wynos w domu stanie się cennym zasobem, do którego będziesz wracać raz za razem